로컬의 신

서울을 따라 하지 않는다

로컬의 신 神

이창길 지음

몽스북
mons

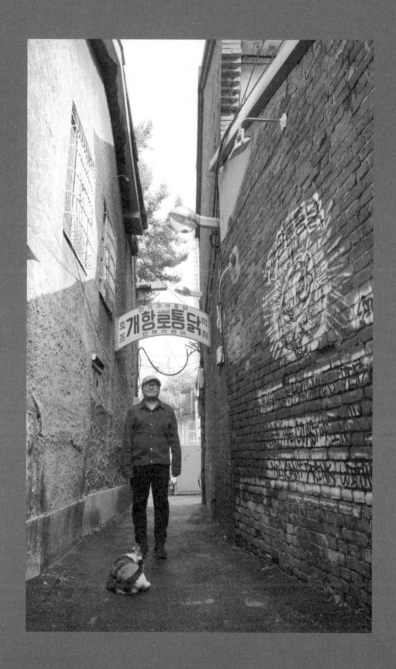

INCHEON BREWERY
인천맥주
개항로
끝맛이 좋아야
라거다
개항로
개항로라거 · AVB 4.5% · IBU 8 · STYLE 라거

차례

좋은 정보。한 달에 얼마 벌고 싶어요?

계획하지 말고 기획하라 105

계획하기보다 기획하라。브랜드 슬로건을 만들라。마음껏 취향을
반영하라。세상을 구하려 하지 말고 좋아하고 잘하는 일을 하라。
서울을 따라 하지 않는다。카피되지 않게 하라。상향 평준화 시대,
서사에 주목하라。철학과 시간은 카피되지 않는다。절묘하게 조합
하라。대기업 자본이 할 수 없는 일을 하라。공간을 낭비하라。로
컬에서 내가 필요한 것을 만들라。연결시키고 나타내서 상품으로 만
들라。로컬에 있는 것으로 로컬에 없는 것을 만들라。지역성이 없
다면 스스로 콘텐츠가 되라。합리적? 효율적? No!。지역성은 사람,
디자인은 사람。조금은 용감해지라。모어 댄 스테이, 토리코티지

개항로통닭 빌드업 과정 ◦ 마계인천페스티벌 빌드업 과정 ◦ 토리코 티지 퐁낭프로젝트 빌드업 과정

로컬 정착 매뉴얼

제주도 독채 펜션 '토리코티지'와 인천 '개항로프로젝트'가 알려지면서 강연 요청이 잦다. 강연하는 것은 여전히 쑥스럽다. 과연 내가 강연자로서 자격이 있는지 끊임없이 스스로 질문하게 된다. 그래서 예전에는 강연 요청을 받으면 이것저것 묻고 따져 최소한의 것만 수락했다. 그런데 내가 해온 일을 하고 싶어 하는 사람들이 있는데 방법을 몰라 헤매는 중이라면서 나의 경험이 누군가에게 큰 도움이 될 거라는 말을 들은 후론 마음을 고쳐먹었다. 나를 기다리는 사람들은 대부분 로컬에서 새로운 일을 하고 싶은 청년들이거나 지역을 살리고 싶어 하는 공무원들이다. 그래서 요즘은 아무리 바빠도 시간이 되면 무조건 사람들을 만나러 다닌다.

'판이 바뀌고 있다'는 생각이 들 때가 있다. 변화는 아주 가까운 데서 관찰된다. 버라이어티 쇼를 보면 종종 시대의 단면이 읽힐 때가 있다. 얼마 전 공중파 예능 프로그램에서 영국 여행기를 보여준 적이 있다. 빅벤이나 런던아이처럼 런던을 대표하는 아이콘 대신 시내 뒷골목을 보여줬다. 출연자는 바버 숍에서 머리를 손질하고, 근처 편집 숍에서 벨트를 구매했다. 다음 날 아침에는 템스강변에서 조깅을 했다. 방송사 카메라는 사람들의 욕망을 따라 움직인다. 확실히 시대가 바뀌었다. 이제 사람들은 더 이상 근위병 교대식과 타워 브리지를 보기 위해 런던에 가지 않는다. 오히려 일상적인 경험을 하며 도시를 즐긴다. 개인의 취향이 여행 스타일을 완전히 바꿔놨다고밖에 설명할 길이 없다.

설명할 수 없는 건 로컬로 향하는 청년들도 마찬가지다. 가끔 로컬에서 자주 마주치며 가까워진 청년들이 자신의 이야기를 들려줄 때가 있다. 서울 강남 3구에서 태어나 한 번도 그곳을 벗어난 적이 없고, 부모님은 법조인이나 의사 같은 전문직이며, 청년 역시 'SKY' 출신의 엘리트인 경우가 많다. 처음에는 저런 스펙을 가진 청년이 왜 로컬에 왔는지 궁금했다. 중년으로 접어든 내 또래들은, 특히나 높은 스펙을 쌓은 사람들이라면 청년 시절에 로컬에서 사업하겠다고 나선 경우가 거의 없었기에 상황 자체가 낯설었다. 대체 무엇이 부족해 이곳까지 왔는지 아무리 생각해봐도 답을 찾을 수 없었다. 그저 가치가 변한 거라고밖에, 자본주의의 판이 바뀌는 중이라고밖에 설명할 길이 없다.

지금은 자주 있는 일이지만, 처음 대기업 대표로부터 만나고 싶다는 연락을 받았을 때는 보이스 피싱을 의심했었다. 모든 것을 가진 사람이, 마음만 먹으면 해결하지 못할 게 없을 것 같은 사람이 왜 인천에서 작은 상권 하나를 기획한 나에게 만남을 요청할까. 그들이 가진 거대한 자본과 인재로도 해결되지 않는 무언가가 있기 때문이다. 기존의 문제 해결 방식으로는 답을 찾을 수 없는 사회, 판이 바뀌고 있다는 증거다.

시대를 막론하고 새로운 것을 시도하고 트렌드를 이끌어온 것은 20~30대다. 지킬 게 많은 기성세대는 변화를 두려워하지만, 가진 게 없는 20~30대는 변화 속에서 기회를 만든다. 그리고 판이 바뀌고 있다는 것을 이들은 감각적으로 알아채고 있다. 성장 과정에서 익힌 본능적인 감각이다. 모르는 것은 두려움이고, 두려움은 종종 공격적인 형태로 드러난다. MZ 세대를 향한 기성세대의 시선이 곱지 않은 이유다. '요즘 애들'이란 말은 내가 20대 때도 들었던 말이다. 그때는 주로 이해할 수 없다는 의미로 쓰였다면, 요즘에는 불안과 질투가 섞여 있는 느낌이다.

판이 바뀌면서 과거에는 거들떠보지도 않던 것을 가치 있게 들여다보는 시도가 많아졌다. 로컬도 그중 하나다. 로컬을 꿈꾸는 이들이 많아졌다. 생각보다 많은 이들이 각기 다른 목적으로 로컬로 향하지만 적응하지 못해 겉돌거나 고생만 하다 원래 자리로 돌아온다. 원래의 자리로 돌아왔을 때는 이미 많은 것을 잃어버린 상태다. 모아둔 자금도, 긍정적 태도도, 본래의 터전도 모두 사라지고 나이만 먹는다.

　이 책은 로컬에서 기회를 찾아 비즈니스하고 싶어 하는 이들을 위한 매뉴얼이다. 로컬에 가서 무엇을 어떻게 해야 하는지 모르는 청년들이 시행착오를 줄이고 잘 적응하길 바라는 마음으로 이 매뉴얼을 작성했다. 개인의 취향을 살려 라이프스타일을 비즈니스화하고, 지역 자원을 활용해 비즈니스를 전개하는 방법에 초점을 맞췄다. 로컬이 좋아 삶의 터전으로 삼았지만 그곳에서 회사 생활을 하려는 이들에게는 크게 도움되지 않을 것이다. 하지만 자금을 모아 사업을 하거나 지역 자원을 활용해 사업을 하고자 로컬에서 직장 생활 중이라면 주목해도 좋다.

　나는 영국에서부터 제주도, 경기 가평, 부산, 서울, 인천 등 20년 가까이 로컬을 경험하고 다양한 프로젝트를 성공으로 이끌어왔다. 오랜 경험을 바탕으로 로컬에서 기획하고, 전략을 세우고, 크루를 형성하고, 사람들과 친해지는 것은 물론이고 로컬 브랜딩 방법까지 실전 팁을 공유한다.

2023년 12월
이창길

들어가며 1
기획자가 된 공간 덕후

취미는 부동산 구경

영국 유학 시절, 나의 취미는 집을 보러 다니는 것이었다. 부동산에 전화를 걸어 돈 많은 부자인 척하며 매물로 나온 오래된 건물을 보여달라고 했다. 영국 친구들은 종종 "저 건물이 할머니가 살던 집"이라며 할머니가 살기 전에는 누가 살았고, 그 전에는 어떤 용도로 사용됐으며, 지금은 누가 살고 있다는 식의 얘기를 하곤 했다. 종종 역사 속 정치인과 기업가, 예술가 등의 이름이 등장하곤 했는데, 그 이야기를 듣는 게 좋았다. 내가 걸어 다니는 길에 있는 평범한 건물에 몇백 년의 역사가 깃들어 있고, 그것을 특별히 공부하지 않아도 알고 있다는 것이 신기하고 부러웠다. 지금은 대한민국도 오래된 건축물을 바라보는 시선이 많이 달라졌지만, 2000년 초반만 하더라도 건물은 무조건 부수고 새로 짓는 것이 좋은 것이라 여기던 시절이었다. 나 역시 좋은 건 '깨끗하고 깔끔한 것'이라고 생각했는데, 그 기준이 바뀐 것이다. 그래서 마음에 드는 집이 있으면 부동산에 전화를 걸어 매물로 나오지 않았는지 확인하고 건축물 구경을 다녔다. 건축물에 관심이 생기면서 건축 관련 방송 프로그램을 섭렵했고, 책도 찾아 읽었다.

게스트 하우스를 해볼까

좋아하는 것을 '디깅'하는 덕후의 성향은 타고났지만, 유학 시절 공부에 큰 흥미가 없었다. 전공 서적에는 이미 세상에 없는 학자들의 업적이 나열돼 있었고, 학생인 나는 그들이 제시한 이론과 내 생각을 비교하고 검증하는 학습 방식에 지쳐 있었다. 리프레시가 필요한 타이밍, 런던으로 여행을 떠났다. 게스트 하우스에서 한량처럼 시간을 탕진하다 주인장과 친해졌다. "게스트 하우스를 운영하려면 어떻게 해야 하느냐?"고 물으니 뜻밖에도 주인장은 친절하게 모든 것을 알려줬다. 얘기를 듣다 보니 내가 하면 잘할 것 같았다. 당시 나는 관광경영 박사 과정을 밟고 있었는데, 전공 서적에는 이미 오래전에 세운 학자들의 가설과 이론만 적혀 있었다. 그 의미를 해석하는 데 지쳐가던 찰나였다.

런던에 게스트 하우스를 열었다. 초대박이었다. 성공의 비결은 간단하다. '매일 깨끗한 시트와 이불을 제공한다'고 광고를 한 것이다. 지금은 숙박업소에서 침구를 교체해 주는 일이 당연하지만 당시만 해도 그렇지 않았다. 자물쇠 달린 사물함도 설치했다. 당시 영국 워킹 홀리데이는 한국인에게는 열려 있지 않았지만, 일본인에게는 기회를 줬다. 한국과 달리 일본은 온라인 커뮤니티가 형성되지 않았음을 간파하고 일본어 홈페이지도 오픈했다. 내가 운영하던 게스트 하우스는 워킹 홀리데이를 위해 입국한 일본인들 사이에서 '집을 구하기 전에 머무는 깨끗하고 믿을 만한' 게스트 하우스로 입소문이 났다. 영국 생활 경험을 바탕으로 그들이 집을 구할 때 도움을 주고, 동네 정보도 알려줬다. 한국인뿐 아니라 일본인까지 타깃팅이 되면서 늘 만실이었다. 그 시절을 경험하며 숙박업에 자신감이 붙었다.

유학생 공항 픽업 서비스 대행

석사 과정을 밟을 때는 노팅엄에서 지냈다. 노팅엄은 런던의 관문인 히드로 공항에서 자동차로 2시간 30분 정도 떨어진 도시다. 그때는 유학생 공항 픽업 서비스도 대행했다. 우연히 길에서 울면서 짜증 내는 한국인 학생을 만났다. 왜 우느냐 물으니, 자신은 영국 유학원을 통해 막 입국한 유학생인데 히드로 공항에서 탄 택시 기사가 자신을 아무 곳에나 내려놓고 사라졌다고 했다. 이런 일이 비일비재하던 시절이었다. 유학원에 메일을 보냈다. 신분에 문제가 없음을 먼저 밝히고, 유학생들이 겪고 있는 불편함에 대해 언급한 다음 내가 히드로 공항으로 입국한 유학생을 픽업하는 일을 대행하고 싶다고 했다. 유학생들의 입국 스케줄이 한두 달 전에는 정해지기 때문에 학업을 병행하며 스케줄 조절

하기가 편했다. 빈 시간에 아르바이트처럼 일했지만 꽤 많은 돈
을 벌었다.

빈 주차장을 빌려드립니다

주차장 렌트 중개업도 했다. 영국은 1년 단위로 시청에 일정 금
액을 지불하면 집 앞 차도에 주차해도 된다는 파킹 퍼미션을 준
다. 대부분의 사람들은 주차장에 차를 세우고 집까지 걷는 것조
차 귀찮아 무료 주차장을 이용하기보다는 비용을 지불하고 퍼미
션을 신청한다. 특히 개인 주차장이 없고 혼잡하지 않은 지역에
사는 사람들은 대부분 이 방법을 선택한다. 리즈에 살 때 내가 렌
트한 집에는 3분 거리에 있는 개인 주차장이 포함되어 있었다.
당시에 이웃 사촌들에게 내가 대신해서 주차장 관리를 하겠다고
말을 하고, 당근마켓 같은 사이트를 통해서 주차장을 빌려주는
일을 했다. 꽤 잘 운영됐지만 손이 너무 가는 데다가 법적인 문제
도 있어 아주 짧은 기간만 운영했다.

잘못 신청한 수업이 바꾼 운명

나에게 서비스의 빈자리를 보는 눈이 언제부터 생겼을까 되짚어
보면 학창 시절로 돌아간다. 대학생 때에는 연극에 미쳐서 살았
다. 그것 외에는 아무것도 보이지 않을 정도로 몰입했었다. 작품
에 관련된 책을 읽고 캐릭터에 대해 연구하고 토론하는 것이 삶

의 전부였다. 당연히 공부는 뒷전이었다. 군대를 제대하고 복학하니 막막했다. 무슨 과목을 수강해야 할지 몰라 친구들에게 물으니 '여가 문화의 이해'라는 교양 과목을 추천해 줬다. 대충 볼링 치고 노는 수업이라고 했는데 첫 수업 후 속았다는 걸 알았다. '여가 문화의 이해'는 사회학을 베이스로 하는, 당시의 내게는 어려운 수업이었다. 그런데 이상하게도 볼링 치는 것보다 훨씬 재미있었다. 나는 재미있는 일에 굉장히 적극적이고 무섭도록 몰입하는 경향이 있다. 그때까지 뒤에서 조용히 학우들의 학점을 뒷받침해 주던 '인류애의 상징'이던 나는 이 수업에서만큼은 스스로 발제를 하고 자발적으로 발표하고 질문하면서 적극적으로 임했다. 교수님과도 가까워졌는데, 어느 날 교수님은 함께 식사를 하다가 "너, 유학 갈래?" 하고 물으셨다. 어디로 가야 하느냐고 물으니 '영국'이라고 답하셨다.

유학이 별건가, 외국 학교 다니는 거지

나는 생각과 행동의 간극이 매우 좁다. 무언가를 해야 할 것 같다고 생각하면 일단 시작한다. 유학도 마찬가지였다. 가서 부딪혀 보자는 생각으로 별다른 준비 없이 영국으로 떠났다. 영어는 잘 못했다. 중고등학생 때 배운 게 있지만 실전은 달랐다. 한번은 'problem'을 쓰려는데 스펠링이 생각나지 않아 헛웃음이 났던 적도 있다. 그렇게 영국에서 4년 6개월을 보내며 다양한 경험을 했고, 세상을 바라보는 시선도 달라졌다. 무엇보다 내가 오래된 건축물과 공간을 좋아한다는 사실을 발견했다는 점에서 영국 생활은 내 인생을 완전히 바꿔놓았다. 후에 알고 보니 내가 친구들에게 속은 것이 아니었다. '여가 문화의 이해' 과목의 담당 교수님이 바뀌면서 수업 방식도 바뀐 거였다. 물론 그 덕분에 내 인생도 바뀌었다. 교수님과의 인연은 계속됐다. 지금 교수님은 인천 개항로에서 서점을 운영하고 계신다.

100년 된 집을 부순다는 아버지

영국에서 학업을 마칠 무렵 아버지께 전화를 한 통 받았다. 내가 유학하는 동안 아버지는 조금 이른 은퇴를 한 뒤 제주도로 이주하셨다. 전화로 말씀하시길, 집 세 채가 하나를 이루는 제주 전통 가옥을 매입해 살고 있는데 너무 습해 살 수가 없다며 부수고 새로 짓고 싶다고 하셨다. 지어진 지 100년이 넘는 전통 가옥을 부수다니! 건축물 덕후로 살아온 나로서는 절대 용납할 수 없는 일이었다. 집의 상태가 궁금했다. 그래서 아버지께 내가 한국으로 돌아갈 때까지만 기다려달라고, 제발 집을 건드리지 말아달라고 부탁했다. 그리고 건축 관련 서적을 한 보따리 사서 귀국했다.

정식으로 건축을 공부한 적은 없지만 집을 잘 고칠 자신이 있었다. 아이디어만 있는 나는 실행할 능력이 있는 디자이너 친구와 함께 팀을 이뤘다. 그리고 돌 창고를 집으로 개조하는 작업을 먼저 시작했다. 아버지의 집은 관광객으로 들끓는 곳이 아닌 원주민들이 살고 있는 제주도 내륙의 한적한 시골 마을에 있었다. 집을 짓는다고 하니 원주민의 시선이 곱지 않았다. 노골적으로 "육지 것들이 와서 쓸데없는 짓을 한다"며 혀를 차고 가는 분도 계셨다. 최대한 그들의 삶에 방해되지 않는 선에서 움직였다. 그리고 집이 완성되자 부모님은 주변 이웃들의 부러움의 대상이 됐다.

그리고 이제 내게도 영국 친구들이 그랬던 것처럼 집에 담긴 이야깃거리가 생겼다. 제주 전통 가옥은 안거리(안채), 밖거리(바깥채), 창고 구조로 되어 있고, 옆집 어르신과 얼굴을 보며 서로 안부를 물을 수 있을 정도로 담장이 낮으며, 늘 불어오는 바람을 피하기 위해 집도 낮게 짓는다. 이 얘기를 하면서 제주 사람들의 오랜 지혜를 존중하기에 나 역시 제주 전통 가옥의 형식을 보존하면서 집을 고쳐 지었다고 말할 수 있게 됐다.

토리코티지의 시작

아버지의 집을 고쳐 지은 후 나는 자신감이 붙었다. 이후 숙박업을 해볼 요량으로 제주 지역의 정서를 품고 있는 오래된 집을 보러 다녔다. 관광객이 많은 바닷가에서 한 발 물러서 마을 안쪽으로 깊이 들어갔다. 그리고 오래된 집을 부수고 새로 짓는 대신 그 집의 내재된 정서에 편의성을 더하는 방식으로 고쳐 지었다. '모어 댄 스테이'를 슬로건으로 숙박객에게 머무는 것 이상의 경험을 주는 독채 펜션 '토리코티지' 시리즈는 그렇게 시작됐다.

기획자가 된 공간 덕후

부족한 부분은 협업으로 채워 나갔다. '토리코티지×카레클린트'는 홍대 출신의 젊은 디자이너 3인이 창업한 스칸디나비아 스타일의 가구 브랜드 '카레클린트'의 쇼룸을 겸했고, '토리코티지×크리스토프 초이'는 웨딩드레스 디자이너 크리스토프 초이가 웨딩드레스처럼 환상적인 공간을 계획하고, 가구부터 조명, 패브릭까지 모든 소품을 직접 선택해 꾸몄다. 고급 원목 가구 브랜드 브라운핸즈와 협업해 만든 '토리코티지×브라운핸즈'는 400명에게 받은 위시 하우스 그림을 바탕으로 디자인했다. '토리코티지×어네이티브'는 캠핑 브랜드 어네이티브의 감각으로 실내와 실외의 경계를 허문 로맨틱한 글램핑 겸 렌틀 하우스이고, '토리코티지×하시시박'은 사진작가 하시시박의 감성을 빌려 제주의 조각보 같은 밭을 사진으로 볼 수 있도록 디자인했다. '토리코티지×일광전구'는 일광전구의 다양한 조명을 공간에서 체험할 수 있는 쇼룸을 겸했고, 장진우 셰프와의 협업을 통해 완성한 '토리코티지×장진우'는 숙박에 식당과 조경 개념을 더한 숙소였다.

학위를 받지는 못했지만 나는 박사 과정으로 관광학을 수료했다. 관광은 시기에 따라 성숙도가 있다. 1988년 해외여행 자유화가 된 이후엔 여행 한 번 나가면 주위 사람들이 달러도 챙겨 주고, 여행 가서 비디오도 찍어 오고 기념품도 사 오던 시절이었다. 제주도 역시 옛날에는 '제주도 간다'고 자랑하는 관광지였다. 그런데 지금은 누구나 해외여행을 다니고 제주도는 가고 싶을 때 언제든 갈 수 있는 관광지가 됐다. 요즘 제주를 찾는 관광객들은 '제주 어디서 자고 싶다', '그 주변에 뭐가 있나'를 생각한다. 해외여행도 마찬가지다. 몇 년 전만 해도 유럽에 가면 일주일에 10개국을 구경하고 왔다. 뭘 봤는지, 뭘 먹었는지 기억하지 못해도 기념사진을 남겨두는 걸로 만족했다. 하지만 이제는 한적한 소도시에 가서 그 지역을 만끽하며 푹 쉬고 오는 게 대세다. 첫 번째 토리코티지×카레클린트를 지었을 때만 해도 주변에 아무것도 없었지만, 지금은 주위에 예쁜 카페와 레스토랑이 많아졌다. 이제는 나뿐만 아니라 제주도의 많은 상인들이 지역성에 관심을 갖고 장사를 하고 있다.

토리코티지의 첫 프로젝트는 미디어의 조명을 받았다. 나는 건축가가 아닌데 건축에 관여했고, 디자이너가 아닌데 디자인에 관여했다. 브랜드와의 협업도 매우 드문 일이었다. 공간을 만드는 일은 재미있었다. 수많은 고비를 넘어야 했지만 그 과정조차 좋았다. 일을 하면서 많은 인연을 만났다. 협업한 브랜드들뿐 아니라 포머티브의 대표, 건축가 고영성 소장, 스테이폴리오의 이상묵 대표, 지랩의 박중현, 노경록 대표 등과는 서로 햇병아리 시절의 인연으로 지금까지 든든한 전우가 되고 있고, 당시 햇병아리들을 먹이고 재우고 하셨던 소셜호텔 서영우 대표님은 늘 든든한 버팀목이 되어주신다. 그리고 나는 업계에서 꽤 인정받는 기획자가 되었다.

인포텔이 된 이대 앞 낙원장

2000년도 후반 여름에 부산으로 출장을 간 일이 있다. KTX를 타고 부산역에서 내렸는데 너무 더웠다. 약속 시간까지는 여유가 있었고, 며칠 잠을 못 자 너무 피곤했기에 잠시 쉴 곳이 필요했다. 역에서 가까운 모텔에 갔다. 그런데 숙박을 하려면 숙박비 외에 다른 사람들이 대실할 비용을 추가로 지불하거나 대실이 마무리되는 저녁에 오라고 했다. 너무 덥고 피곤한데 편히 쉴 데가 없었다. 호텔에 갈 만한 사정도 아니었다. 호텔 아니면 모텔, 혹은 여관. 우리나라 숙소는 형태가 다양하지 않다는 사실에 주목했다.

볼일이 있어 서울에 올라온 사람들은 어디서 잠을 자는지 궁금했다. 사람들에게 물으니 서울 사정도 부산과 크게 다르지 않았다. 그들이 편하게 쉬어 갈 공간을 만들어야겠다고 결심하고 건물을 보러 다녔다. 출장 오면 회사에서 숙박비를 지급하는 비즈니스맨은 제외, 호텔은 부담스럽고 모텔이나 여관은 불안한 젊은 사람들이 모이는 곳이라는 점에서 종로, 신촌, 홍대 앞 등이 물망에 올랐다. 그리고 대학이 모여 있는 이대역 7번 출구 앞에 있는 허름한 여관 낙원장을 빌려 '인포텔(인포메이션 호텔)'로 개조했다. 주변에 대학이 여럿이고, 상권이 탄탄했으며, 멀지 않은 곳에 큰 병원이 있어 지방에서 올라오는 사람이 많은 곳이라 판단했다.

인포텔은 동네에서 유일하게 '대실'이 없는 숙소였다. 여자 손님이 특히 많았다. 인포텔을 기획할 때는 고려하지 못했는데, 면접이나 시험 등으로 서울에 온 여성들이 갈 곳이 마땅치 않다는 얘기를 들었다. 호텔은 너무 비싸고 모텔과 여관은 불안하기 때문에 찜질방에서 잤다는 사람도 여럿 만났다. 인포텔을 운영하면서 여성 고객들에게 감사 인사를 많이 받았다. 서울시에서 투어리스트 호텔을 짓겠다는 얘기가 나올 무렵이니 게스트 하우스 열풍이 불기 직전의 일이다.

남의 집을 빌려주는 두 번째 집 프로젝트

귀농, 귀촌 바람이 불면서 많은 사람들이 지방에 내려가 살고 싶어 했다. 직장 때문에 서울을 떠날 수 없는 사람들은 서울 근교에서 주말농장을 운영하거나 지방에 세컨드 하우스를 마련해 그곳에서 주말을 보내곤 했다. 내 주변에도 세컨드 하우스를 가지고 있는 사람들이 많았다. 대부분 처음 2년 정도는 한 달에 두세 번씩 지방에 내려가 세컨드 하우스에서 주말을 보냈지만, 3년이 넘어가면서 발길이 뜸해지곤 했다.

여전히 지방에 내려가 살고 싶다는 사람이 많았다. 영국 유학 시절에 빈 주차장을 구매해 필요한 사람들에게 빌려줬던 '주차장 렌트 중개업'처럼 비어 있는 세컨드 하우스를 필요한 사람에게 빌려주는 건 어떨까. 이런 생각으로 세컨드 하우스를 꿈꾸는 사람과 세컨드 하우스를 가진 사람을 연결해 주는 '두 번째 집 프로젝트'를 시작했다.

집은 오래 비워두면 쉽게 망가지기 때문에 집주인은 집을 사용해 줄 사람이 필요하고, 시골 라이프를 즐기고 싶은데 집이 필요한 이들은 새로운 경험을 할 수 있는 세컨드 하우스가 필요하다. 두 번째 집 프로젝트는 두 그룹의 욕망을 연결해 주는 사업이었다. 세컨드 하우스를 소유한 사람들은 가족의 체취가 묻은 세간을 그대로 두고 이불이나 커튼 같은 것만 새것으로 교체했다. 내 공간을 사람들에게 빌려주는, 에어비앤비와 비슷한 모델이었다.

아픈 손가락, 글로벌 방 찾기 앱 룸파인더
모든 프로젝트를 성공시킨 것은 아니다. 2008년 즈음에 글로벌 방 찾기 애플리케이션 '룸파인더'를 론칭했다. 그리고 대차게 말아먹었다. 형식은 에어비앤비와 같다. 방이 필요한 여행자에게 내 집의 빈방을 빌려주는 사업이었다. 집주인에게는 빈방을 빌려주고 부가 수익을 얻을 수 있게 하고, 여행자에게는 호텔보다 저렴하게 현지인 집에서 숙박하면서 현지인과 어울려 문화 체험을 할 수 있는 기회를 준다는 것이 이 사업의 취지였다.

홈페이지 제작에 자금을 모두 쏟아부었지만 이용자가 없었다. 그래서 안 되는 일이라고 생각하고 손을 뗀 어느 날, TV에서 에어비앤비 광고를 봤다. 룸파인더와 아이템은 물론이고 구동 방식까지 유사했다. 마케팅 방식도 같았다. 왜 같은 아이템을 가지고 같은 방식으로 서비스하는 앱이 하나는 성공하고 하나는 실패했을까. 처절한 반성의 시간을 보냈다.

첫째, 조직을 만들 때 친한 사람들 위주로 구성했다. 기획자, 프로그래머, 디자이너 등 철저하게 역할을 나누고 수행할 수 있는 사람을 찾아야 했는데 3명 모두 같은 일을 했다. 둘째, 글로벌 타깃의 앱인데, 조직 구성원 누구도 영어가 모국어가 아니었다. 한계가 있을 수밖에 없었다. 셋째, 조직 내에 프로그래머가 없었다. 전문 제작사를 통해 앱을 개발했지만 요청한 대로 만들지 않았고, 수정을 요청하거나 내용을 추가하면 반영되기까지 시간이 너무 오래 걸렸다. 추가 비용 역시 만만찮았다. 사용자가 남긴 의견에 실시간으로 대응하지 못했고, 그러는 사이 사기가 꺾이고 돈도 떨어졌다.

비싼 수업료를 지불하고 나서 한 가지 교훈을 얻었다. 플랫폼 비즈니스를 할 때는 프로그래머와 기획자, 디자이너가 조직 내에 반드시 있어야 한다는 것. 지금도 에어비앤비 광고를 보면 가

승이 쓰리다.

감동을 주는 것은 사람의 생각과 태도

레퍼런스를 많이 참고하는 기획자도 있지만, 나는 거의 보지 않는다. 내 생각에 집중하는 편이다. 성공적으로 공간을 바꾼 사례를 분석하는 것도 중요하지만, 나의 경우는 인문학과 사회학 분야의 책을 읽는 것이 훨씬 큰 도움이 된다. 혹시 레퍼런스를 살피더라도 사람의 태도와 행동을 집중해서 살핀다. 영국 산악 지대인 노스웨스트 잉글랜드에는 레이크 디스트릭트 국립공원이 있다. 호수가 많은 지역인데 자연 그대로 보존이 잘되어 있다. 어떻게 이토록 원형을 보존하고 있는지 궁금해 물었더니 『피터 래빗』의 작가인 베아트릭스 포터가 전 재산을 들여 구입해 환경 단체에 기부했다고 했다. 기부 조건은 용도 변경 없음. 무분별한 개발로부터 레이크 디스트릭트 지역을 지키기 위해 아무것도 할 수 없도록 한 것이다. 통쾌하도록 멋있는 생각이다. 많은 사람들은 레이크 디스트릭트의 자연을 보고 영감을 얻지만, 나는 베아트릭스 포터의 생각에 감동을 받는다.

공간을 기획할 때 나는 항상 사람을 중심에 두고 생각한다. 토리코티지를 지을 때는 그 공간에 들어온 사람의 감정을 상상하며 기획했고, 지역과 공생하기 위해 지역 어르신들을 고용했다. 개항로프로젝트를 진행할 때도 마찬가지였다. 개항로프로젝트는 인천 옛 도심의 버려진 공간을 리모델링해 매력적인 상업 공간으로 만드는 로컬 브랜딩 프로젝트다. 목적이 사라져 사람이 떠난 건물에 터를 잡고 음식점과 편집 숍 등을 열고 노포와 상생하는 길을 모색해 왔다. 개항로프로젝트를 기획할 때도 사람을 중심으로 기획했다. '개항로이웃사람'(노포), '개항로젊은사람'(청년 상인), '개항로사는사람'(주민)으로 카테고리를 나누고 그 위에 콘텐츠를 쌓았다.

들어가며 2
나는 왜 로컬을 좋아하는가

오타쿠가 오덕후를 거쳐 덕후가 되기까지, 말의 의미가 완전히 달라졌다. 특정 분야에 필요 이상으로 집착하는 사람을 이르는 오타쿠라는 말 안에는 집에 틀어박혀 사는 어둡고 사교성 없는 인간이라는 뉘앙스가 담겨 있었다. 하지만 덕후는 부정적인 의미가 휘발되고 전문가, 능력자, 은둔 고수라는 의미로 통한다. 바야흐로 '덕후의 시대'다. 좋아하는 걸 열심히 최선을 다하면 좋아하는 것만으로도 먹고살 수 있는 시대가 됐다.

취향이 키워낸 비전문가의 날카로운 안목
공부에 크게 관심 없고 재능도 없던 내게는 딱 하나 잘하는 것이 있다. 나는 재미있는 일에 적극적이고 좋아하는 일에 무섭도록 몰입한다. 나는 공간 덕후다. 잘 지은 건축물과 개성 있는 공간을 보면 상상력이 무한대로 넓어진다. 오래되고 잘 지어진 건물일수록, 공간의 역사를 짐작할 수 있게 시간의 흔적이 남아 있는 건물일수록, 지역의 문화와 역사가 읽힐 만큼 상징적인 건물일수록 매력적이다.

건축이나 디자인을 전공하지 않았지만, 전공자만큼 많은 공간을 기획하고 운영해 왔다. 그래서 이름 앞에 붙는 수식어가 때때로 변했다. 제주 독채 펜션의 시대를 연 토리코티지 대표, 인더스트리얼 콘셉트의 카페 브라운핸즈백제의 기획자, 그리고 지금은 인천 개항로프로젝트의 대장으로 불린다. 버려진 공간의 역사를 유지한 채 새로운 쓸모를 부여하는 작업을 하다 보니 미디어에서는 '도시 재생 전문가'라고 부르기도 하지만, 내 정체성은 공간 덕후이자 로컬 기획자다. 좋아하는 것을 디깅하다 보니 여기까지 왔다. 다시 말해 이것이 나의 라이프스타일이다.

고도로 발달한 취향은 광기와 구분되지 않는다

만약 부자가 되는 것이 내 삶의 목표였다면 지금보다 훨씬 부자가 됐을 것이다. 그런데 나는 내 또래 남자들이 좋아하는 자동차, 시계, 구두, 명품 같은 것에 관심이 없다. 탐하는 것은 멋있는 공간뿐이다. 자기만의 라이프스타일이 드러나는 공간을 보면 부러워 배가 아플 지경이다. 오죽하면 도산서원을 보고 퇴계 이황을 질투했을까. (생전에 퇴계 선생이 기거했다는 도산서당을 보는 순간 소름이 돋았다. 방 한 칸과 마루 한 칸으로 된 단출한 집, 앞에는 작은 우물과 나무 한 그루가 있고 뒤쪽에는 작은 텃밭이 있다. 매표소에서 도산서원까지 이어지는 길 모두 정원처럼 느껴졌다. 퇴계 선생은 원래 화를 잘 내지 않는 성정인데, 집을 건축할 때는 화를 많이 냈다고 한다. 의도가 명확하기 때문이다.)

공간을 기획하고 콘텐츠를 실험하는 일이 워낙 재미있기 때문에 다른 데에서 흥미를 못 느낀다. 하다 보니 비즈니스가 됐을 뿐 내가 하는 일의 본질은 덕질이다. 로컬이 좋아서 찾는다기보다 내가 좋아하는 것을 투영해 내기 위해 로컬이 필요하다. 마음먹은 대로 할 수 있다면 경복궁에서 다양한 콘텐츠를 시험해 보고 싶지만, 그럴 수 없기에 상대적으로 저렴한 로컬로 갈 수밖에 없다. 라이프스타일 비즈니스를 하는 이들이 로컬로 향하는 것은 자연스러운 결과인 셈이다.

로컬은 대안적인 공간

인터넷은 20년 남짓한 시간 동안 빠르게 세상을 바꿔놓았다. 내가 어디에 있든 원한다면 누구든지 실시간으로 연결할 수 있고, 원하는 정보를 수집할 수 있다. 누구나 원하는 정보를 쉽고 빠르게 얻을 수 있게 되자 다양한 정보를 비교하고 체험하면서 자신에 대해 깊이 알게 됐다. 성향과 취향, 언제 행복감을 느끼며, 언제 좌절감을 느끼는지 등 이전 세대는 하지 않던 생각을 깊이 하게 되는 거다. 어쩌면 우리는 역사상 자기 자신을 가장 잘 아는 시대에 살고 있는지도 모른다.

자신이 좋아하고 관심 있는 분야의 정보를 디깅할 수 있는 환경이 되면서 취향은 더욱 깊어지고 날카로워졌다. 취향은 삶을 변화시킨다. 처음에는 취향이 비슷한 사람들끼리 관계를 맺고, 다양한 형태로 관계를 유지한다. 성향이 맞는 인터넷 카페나 커뮤니티에서 활동하기도 하고, 오픈 카톡방을 개설해 커뮤니케이션을 하기도 한다. 인스타그램 계정을 팔로우하면서 내 취향의 트렌드를 파악하기도 하고, 유튜브 검색을 통해 관심사에 대한 지식을 쌓기도 한다. 이러한 과정을 지속하다 보면 결국 나와 우리의 취향을 극대화해 보여줄 수 있는 오프라인 공간을 찾게 된다.

공간은 서울이 아니어도 괜찮고, 메인 스트림이 아니어도 괜찮다. 상품이 매력적이라면 고객은 알아서 찾아오는 시대다. 다시 말해 많은 이들이 인터넷의 발달로 장소성이 사라지고 정보 권력도 분산되면서 대안적인 공간인 로컬을 찾게 되는 것이다. 그리고 취향이 비슷한 사람끼리, 목표가 같은 사람끼리 모여 부족을 형성하고 살아간다.

로컬을 활용한 비즈니스 & 지역 자원을 활용한 비즈니스

좋아하는 일을 일상에서 반복할 수 있다면 행복이 되지만, 일상을 중단해야 겨우 경험할 수 있다면 쾌락에 가깝다. 자신이 좋아하는 것을 쾌락이 아닌 행복으로 만들기 위해 삶 속에서 취향을 실천하고 싶어 하는 사람들이 늘었다. 이들은 자신의 취향을 사업화하면서 라이프스타일로 실천하기 위해 보다 많은 기회가 있는 로컬로 향한다. 사업을 하는 것도 과거보다 훨씬 쉬워졌다. 간단한 자료 수집과 정리는 AI가 대신해 주니 직원이 없어도 되고, 소셜 미디어를 통해 직접 마케팅할 수 있으니 추가 비용이 들지 않는다. 온라인 스토어를 통해 창업하면 오프라인 공간도 필요 없다. 모든 것이 인터넷 발달로 인한 변화다.

과거보다 개인의 취향이 강화된 세상에 살고 있지만, 모든 사람에게 도드라지는 취향이 있는 건 아니다. 라이프스타일이 없는 사람도 있다. 이들이 로컬을 향할 때는 철저하게 비즈니스적 관점에서 움직인다. 예를 들어 어떤 지역에서 괜찮은 관광 자원을 발견했는데, 자신의 비즈니스 감각으로 브랜딩하면 대박 상품이 될 것 같은 느낌을 받을 때가 있다. 이 경우 지역 자원을 활용한 비즈니스를 전개하면 된다. 로컬을 활용하는 것이다. 단순히 지역 자원을 활용한 비즈니스를 펼칠 계획이라면 굳이 로컬로 갈 필요가 없다. 원래 살던 터전을 오가면서 지역 자원을 발굴해 비즈니스를 전개하면 된다. 그러다가 일을 사랑하게 되면 제대로 하고 싶은 마음이 생기는데, 그때 그 로컬로 움직여도 된다.

자신의 라이프스타일을 실천할 수 있는 공간을 찾아 로컬에 갔는데, 그 지역의 자원이 자신의 라이프스타일과 일치하는 경우도 있다. 예를 들어 고추장 덕후가 전북 순창으로 갔다면 취향을 마음껏 드러내며 사업할 기회가 생긴다. 고추장을 덕질 하며 축적한 수많은 정보와 지역 자원을 활용한 비즈니스를 한다면 진심이 통해 빠르게 성장할 수 있을 것이다. 적어도 고추장과 관련 없는 제주도나 강화도로 갔을 때보다는 훨씬 더. 라이프스타일에 지역 자원이 더해져 엄청난 시너지를 낼 수 있을 것이다.

도시의 생애 주기를 주목하라

도시도 오래되면 늙고 낡고 병든다. 완전히 망가지기 전에 재생이 필요하다. 우리보다 먼저 도시 재생을 이뤄낸 유럽 국가의 사례를 보면, 도시 재생의 주체가 정부나 지자체에서 민간으로 옮겨 갔다는 것을 발견할 수 있다. 대한민국 로컬 역시 초기에는 지자체에서 많은 자본과 인력을 투입해 지역을 살리기 위한 다양한 노력을 했고, 그 주체가 점점 민간으로 넘어가는 추세다. 다시 말하면 정부는 훌륭한 조력자가 되고, 민간은 취향을 비즈니스하는 플레이어가 된다. 그 누가 주도권을 더 쥔다는 의미가 아니라 자신의 영역에서 로컬을 위해 최선을 다하는 파트너가 되는 것이다.

지역 자원을 활용해 비즈니스를 하고 싶은 이들이 점점 지역으로 모이고, 같은 목적으로 모인 사람들이 크루를 이뤄 다양한 프로젝트를 진행한다. 그리고 로컬에 온 사람들은 라이프스타일 기반의 부족을 형성해 살아간다.

K-자영업자여, 글로벌을 꿈꾸라

로컬은 상대적인 개념이다. 대한민국은 서울을 제외한 모든 지역이 로컬이지만, 글로벌하게 미국을 기준으로 보면 대한민국 역시 로컬이 된다. 봉준호 감독이 아카데미 시상식에서 미국을 로컬이라 칭했듯이 기준에 따라 서울 강남도 로컬이 될 수 있다.

"코로나19로 인해 위축된 서울 상권을 살리고 싶은데 무엇을 어떻게 해야 할까" 하는 내용으로 컨설팅 요청을 받은 적이 있다. 앞서 언급한 분류대로 서울을 로컬이라고 정의한다면, 냉정하게 말해 서울은 수십 년간 상권 부흥을 위해 어떠한 노력도 한 적이 없다. 인구가 많아 늘 수요가 공급을 앞섰고, 지방에서 올라온 사람들이 부가 가치를 높이면서 특별히 노력하지 않아도 상권은 점점 커졌다. 하지만 이제는 노력하지 않으면 안 되는 시대가 됐다. 그것이 고민이라면 서울은 대한민국의 로컬 도시들과 경쟁하는 것이 아니라 글로벌을 지향해야 한다.

로컬의 상대적인 말은 글로벌이다. 로컬이 없다면 글로벌도 없고, 글로벌이 없다면 로컬도 없다. 현재 대부분의 자영업자들의 꿈은 프랜차이즈다. 하지만 그렇게 한계를 단정하면 다른 꿈을 꾸기 어렵다. K-자영업자는 프랜차이즈 대신에 글로벌을 꿈꿀 수 있다. 우리는 이러한 담론을 로컬에서 형성해야 한다.

용어 정리 I 라이프스타일과 비즈니스 트렌드

라이프스타일이란

라이프스타일이라는 단어는 원래 사회학과 문화인류학에서 명확한 정의 없이 사용됐었다. 그런데 마케팅과 소비자 행동 연구 분야에 대한 사회의 관심이 증폭하면서 "개인의 가치관 때문에 나타나는 다양한 생활 양식, 행동 양식, 사고 양식 등 생활의 모든 측면의 문화적·심리적 차이"를 아우르는 말이 됐다. 과거 대한민국 사람들은 취향이 없었다. 먹고살기 바빴고, 정보를 디깅하기 좋은 환경도 아니었다. 대부분의 사람들은 자신의 취향이 무엇인지 모른 채 살아왔다.

그런데 기술의 발달로 이제는 누구나 인터넷과 스마트폰을 이용해 원하는 정보를 공평하게 얻을 수 있는 시대가 됐다. 수많은 정보를 접하면서 스스로 무엇을 좋아하는지, 즉 자신의 취향에 맞는 것이 무엇인지 알 수 있게 된 것이다. 좋아하는 것을 좇아 덕질을 하다 보면 자연스럽게 같은 취향을 지닌 이들과 커뮤니티를 형성하게 된다. 그렇게 덕질은 라이프스타일이 된다.

라이프스타일 비즈니스란

누군가는 라이프스타일을 살려 비즈니스를 한다. 이 책에서는 이를 '라이프스타일 비즈니스'라 부르기로 하자. 라이프스타일 비즈니스를 펼치는 대표 주자가 강원도 양양 서핑 비치를 중심으로 형성된 로컬에서 비즈니스하는 사람들이다. 서핑에 미친 사람들이 서울을 떠나 언제든 원하면 서핑을 즐길 수 있는 바닷가 마을에 모여 로컬을 이뤘다. 서핑과 관련된 정보가 가장 빠르게 유통되고, 서핑에서 파생된 서퍼 문화가 이곳을 중심으로 전파되고 있다. 만약 서핑에서 라이프스타일 비즈니스 기회를 찾고 있다면 서울보다 양양에 있는 것이 유리할 것이다.

파타고니아는 라이프스타일을 비즈니스화한 브랜드다. 등산에 미친 사람들이 소중한 자연을 지키기 위해 물건을 새로 구매하는 대신 가지고 있는 물건을 고쳐서 오래오래 사용하라고 권한다. 같은 라이프스타일을 지향하는 이들은 파타고니아의 물건을 입고, 신고, 쓴다. 파타고니아처럼 나의 라이프스타일을 비즈니스화했을 때 많은 이들의 지지를 받아 팬덤을 형성한다면 그런 비즈니스는 글로벌 브랜드로 성장할 수 있다.

라이프스타일 트렌드 비즈니스란

종종 라이프스타일 비즈니스와 라이프스타일 트렌드 비즈니스를 혼동하는 사람도 있다. 최근 10년 사이 '친환경 라이프'가 강조되면서 '용기내 캠페인'에 동참하기도 하고, '노샴푸 챌린지'에 도전하기도 한다. 직접 실행해 보고 삶이 좋은 방향으로 바뀌어 이를 널리 알리기 위해 인플루언서가 되는 경우도 있고, 온·오프라인에 작은 숍을 오픈할 수도 있다.

하지만 누군가는 친환경이 대세이기 때문에 친환경 비즈니스에 뛰어들기도 한다. 옳고 그른 것은 없다. 다만 전자가 라이프스타일 비즈니스라면, 후자는 라이프스타일 트렌드 비즈니스라고 (적어도 이 책에서는) 구분해서 부르는 게 좋겠다. 그래야 비즈니스 기획을 제대로 세울 수 있다. 취향이 없지만 라이프스타일 트렌드를 잘 읽어내는 사람은 라이프스타일 비즈니스가 아닌 라이프스타일 트렌드 비즈니스를 해야 하기 때문이다.

1

新로컬의
시대

MZ 세대에게 유리한 로컬

덕질을 일삼는 덕후들은 더 재밌게 살기 위해 노력한다. 서핑을 좋아하는 사람이라면 처음에는 시간이 날 때마다 강원도 바닷가를 오가며 서핑을 즐기는 것으로 만족하지만, 이후에는 좋아하는 것을 일상에서 지속하기 위한 방법을 고민한다. 그리고 결정을 내려야 하는 순간이 온다. 집과 바다를 오가며 덕질로만 서핑을 즐길 것인지, 서핑을 즐기며 바닷가에서 살 것인지. 대부분이 보다 안전한 전자를 택하지만, 후자를 택하는 덕후가 늘고 있다. 덕질은 삶을 변화시킨다. 그리고 덕질이 삶이 되는 순간 먹고사는 문제가 발생한다.

로컬로 가기 전 고려할 것

과감하게 회사를 그만두고 로컬에서 사는 방법을 택한 이들에게 가장 필요한 것은 돈이다. 낯선 곳에서 돈을 벌면서 살 수 있는 방법을 고민할 차례다. 그러려면 가장 먼저 냉정하고 객관적으로 자기 자신을 들여다봐야 한다. 가지고 있는 자본이 얼마인지,

한 달 생활비는 얼마나 드는지, 나는 얼마를 벌어야 행복한 사람인지 등 자신에 대해 정확히 알아야 계획을 세울 수 있다.

이것이 로컬행을 결정하기 전 가장 먼저 해야 할 일이다. 쉬운 질문 같지만 쉽게 답할 수 있는 사람은 드물다. 생각보다 많은 사람들이 자기 자신에 대해 깊이 고민하고 생각해 본 적이 없기 때문이다. 결국 삶의 방식을 정하기 전에 냉정하게 자기 자신에 대해 생각할 시간이 필요하다는 의미다.

내가 좋아하는 것은 무엇인가?

나의 라이프스타일은 무엇인가?

나는 무엇을 할 때 가장 행복한가?

나는 무엇을 가장 잘하는가?

나는 어떤 사람들과 있을 때 행복한가?

나는 돈, 명예, 우정, 가족 등 중에서 무엇을

최고의 가치로 여기는가?

나는 무엇을 실현하고 싶은가?

연고 없는 로컬에서 비즈니스를 할 수 있을까

서울이나 원래의 터전에 적을 두고 로컬에서 지내며 온라인으로 업무를 해결하는 사람과 별개로, 로컬에서 공간을 만들어 비즈니스를 해야 하는 사람들은 두렵기 마련이다. 과연 아는 사람 하나 없는 로컬에서 돈을 벌면서 살 수 있을까. 자기 자신에 대한 파악이 끝났다면 내가 라이프스타일 비즈니스를 해야 하는 사람인지, 라이프스타일 트렌드 비즈니스를 해야 하는 사람인지 판단이 설 것이다.

라이프스타일 트렌드 비즈니스를 하고 싶은 사람이라면 비즈니스 감각이 뛰어난 경력자일 가능성이 높고, 사업 의지 없이 단지 로컬에 살고 싶어 온 사람이라면 지역에 있는 회사에 취직해 월급쟁이의 삶을 살아도 무방하다. 나는 자신의 취향을 무기로 물리적인 거리의 장벽 없이 사업을 하고 싶어 하는 청년들에게 로컬에서 라이프스타일 비즈니스를 전개하는 방법을 알려주고자 한다. 로컬에서 라이프스타일 비즈니스를 하고 싶은 사람이라면 다음 단계를 고민해야 한다. 취향을 어떻게 살릴 것인지, 지역 자원을 어떻게 활용할 것인지 등 결정해야 할 문제가 많다.

소규모 비즈니스 창업이 수월해진 시대

요즘은 개인이 잘하면 성공하는 시대다. 경쟁력 있는 아이템만 있다면 지역적 베이스도 중요하지 않다. 인터넷에 능숙한 세대일수록 로컬로 향하는 것이 더 수월해졌다.

과거에는 개인이 사업을 하려면 제약이 많았다. 물리적인 공간과 매력적인 콘텐츠가 필요했고, 규모에 따라 직원도 고용해야 했다. 마케팅 비용 역시 만만찮게 들어갔다. 하지만 요즘은 인터넷으로 많은 부분을 해결할 수 있다. 일단 점포의 위치가 메인 스트림이 아니어도 괜찮다. 상품이 매력적이면 고객이 찾아올 것이다. 홍보를 할 때도 과거처럼 전단지를 돌리거나 지역 전문지에 광고를 하지 않아도 된다. 소셜 미디어 계정이나 유튜브 채널로 대신할 수 있다. 이것마저 부담스럽다면 온라인 스토어로 시작해도 괜찮다. 대기업이 만든 플랫폼 위에서 창업하고, 돈을 모아 오프라인 쇼룸을 오픈할 수도 있다. 정보 탐색과 취합, 정리는 AI가 대신할 수 있어 아르바이트생이나 직원 없이 혼자서도 창업이 가능하다. 장벽이 낮아질수록 로컬은 청년들에게 더 많은 기회를 줄 것이다.

기존의 질서가 무너지고 기회가 생긴다

지금의 5070 세대는 취향이 불분명한 사람이 많다. 취향이 없다기보다 자신의 취향이 무엇인지 깊이 생각해 본 적이 없다는 표현이 맞을 것이다. 기성세대는 '먹고사는 것' 자체가 중요했기 때문에 '무엇을 어떻게 먹을 것인가'를 고민하지 않았다. 외식 때마다 자장면이나 돈가스를 먹었고, 특별한 기념일에 돼지갈비를 먹었다. 그런데 요즘은 스마트폰으로 배달 음식을 주문할 때도 선택해야 할 옵션이 많다. 음식 취향이 분명해졌기 때문이다.

자동차나 가전제품 등도 마찬가지로 구매할 때 다양한 옵션을 제공한다. 분명한 취향을 가지고 있는 MZ 세대는 소비할 때 옵션을 선택하는 것을 당연하게 여기지만, 기성세대는 불편하고 짜증 난다. 익숙하지 않은 시스템이기 때문이다.

안정된 생활을 하고 있는 기성세대는 자기만의 질서가 깨지는 것을 두려워하며 이를 유지하기 위해 노력한다. 현재의 질서에 순응해야 자신이 가지고 있는 것들을 지킬 수 있기 때문이다. 하지만 기존의 질서는 무너지고 있다. 그 무너지는 질서가 MZ 세대에게는 기회가 될 것이다.

취향이 없는 사람은 앞으로 삶이 재미없어질 것이다. 재미있게 살기 위해서라도 자기 자신을 잘 아는 것이 중요하다. 기성세대도 나는 어떤 사람인지, 무엇을 할 때 행복감을 느끼는지, 어떤 가치를 실현하고 싶은지 등등에 대해 깊이 생각해 보고 자기 자신을 알게 된다면 앞으로 삶이 훨씬 풍요로워질 것이다.

로컬 기획과 도시 재생

아파트가 오래되면 리모델링을 하듯 오래된 도시도 수리가 필요하다. 도시 재생이란 한때 번영했으나 다양한 이유로 쓸모를 잃어버린 도시에 문화적인 콘텐츠를 채워 다시 일으키고자 하는 움직임을 말한다. 미국 뉴욕의 브루클린, 영국의 템스강 주변, 일본의 요코하마 등이 대표적인 도시 재생 성공 사례로 꼽힌다.

도시 재생의 핵심은 시대를 담는 것

영국은 세계 최초로 산업 혁명을 일으킨 나라다. 도시가 산업화하면서 종교를 향한 관심이 낮아졌고, 런던 이스트 엔드에 있는 화이트채플 교회는 쓸모를 다했다. 산업 혁명 시대와 빅토리아 시대 때는 매춘과 범죄의 산실이었고, 이후 런던 빈민가의 사회적 문제를 고스란히 보여주는 곳이었다. 그러는 사이 웨스트 엔드에는 세계의 부가 쌓였고 문화와 예술이 꽃피웠다.

　문화 시설이 런던 중심가에 집중되자 소외된 이스트 엔드를 살리기 위해 공공 미술관 건립 프로젝트가 진행됐고, 1901년 화이트채플 교회가 있던 자리에 화이트채플 미술관이 문을 열었다. 시대가 변하면서 역할을 다한 교회 건물이 건물 재생을 통해 미술관으로 거듭난 것이다.

산업 혁명의 중심이던 템스강 주변도 마찬가지다. 세계 각지로부터 다양한 물류를 실은 배들이 템스강을 통해 런던으로 들어왔다. 강변에는 수많은 공장과 물류 창고가 우후죽순으로 세워졌다. 하지만 기술 혁신으로 런던의 풍경이 달라졌다. 물류의 중심에 기차와 자동차가 등장했고, 템스강 주변의 공장과 창고는 문을 닫았다. 런던 시내에 전기를 공급하던 뱅크사이드 화력 발전소도 유가 상승과 생산 효율 저하, 공해 문제 등으로 가동을 멈췄다. 그러자 그 주변은 우범 지대로 변해 갔다. 밀뱅크 교도소 부지에 국립 영국미술관을 세운 테이트 재단이 나섰다. 그리고 화력 발전소의 외관은 최대한 보존한 채 내부만 미술관에 맞게 변형해 테이트 모던으로 변신시켰다.

로컬 기획과 도시 재생은 다른 영역

교회와 화력 발전소가 갤러리로 바뀐 것의 핵심은 건축물의 용도가 그 시대 사람들이 필요로 하는 공간으로 바뀌었다는 점이다. 도시 재생 과정에서 반대도 많았던 걸로 알고 있다. 화력 발전소는 여전히 화력 발전소로 바꿔야 한다고 주장하는 사람도 적지 않았다. 하지만 도시 재생이란 과거를 똑같이 재현하는 것이 아니라 재생하는 시점의 시간을 담아야 한다.

개항로프로젝트를 진행하며 100년 넘는 역사를 지닌 건물의 외관을 유지한 채 내부만 용도에 맞게 바꾼 사례가 있다. 토리코 티지 역시 200년 된 제주 전통 가옥의 외형을 유지하면서 내부만 현대식으로 바꾼 사례가 있다. 지역 자원을 활용해 비즈니스를 기획하고 실행한 사례다.

로컬 기획과 도시 재생 사이에 일정 부분 교집합이 존재하기 때문에 경계를 짓기 어려운 면이 있지만 확실히 다른 영역이다. 나 역시 개항로프로젝트와 몇몇 포트폴리오로 인해 도시 재생 전문가로 불리지만 나의 정체성은 로컬 기획자다.

신부족 시대

내가 어디에 있든 원한다면 누구하고도 실시간으로 연결할 수 있고, 원하는 정보를 수집할 수 있게 되자 사람들은 점점 대안적인 공간인 로컬에 관심을 갖게 됐다. 로컬에서는 취향이 비슷한 사람들, 목표가 비슷한 사람들이 모여 부족을 형성하고 살아간다. 이 때문에 전국의 로컬을 방문해 정착한 사람들과 대화하다 보면 다시 부족 시대로 회귀하고 있다는 생각이 든다. 충남 공주는 공주만의 분위기가 있고, 강원 강릉은 강릉만의 분위기가 있다. 인천도 그렇고 서울 강남 역시 마찬가지다. 도시의 분위기는 그 지역을 소비하고 향유하는 사람들에 의해서 결정된다. 사람들은 이동하고 머물고 흩어지고 다시 모인다. 요즘 시대에 사람들이 모이는 이유가 여느 시대와 다른 것은 모이는 이유가 분명하다는 점이다. 그래서인지 도시의 색도 더욱 분명해진 느낌이다.

족장을 중심으로 변화하는 로컬

아무것도 없던 강원 양양 해변에 서핑과 서핑 문화를 즐기기 위해 모이는 사람들이 연간 50만 명이 넘는다. 양양 서피비치는 바다를 사랑하고, 스포츠를 좋아하고, 모험을 즐기는 자유분방한 종족들의 성지가 됐다. 사람들이 모여들자 그들의 취향에 맞는 숙박업소와 음식점, 술집, 문화 시설 등이 생겨났다. 그들은 서로 교류하며 성장 중이다. 새로운 종족이 출현하자 양양은 물론이고 해안선을 따라 강원도의 문화 지형도 바뀌고 있다.

서울 강남 국기원에는 논스가 자리 잡았다. 논스는 세상의 변혁을 꿈꾸는 빌더들의 커뮤니티 연합체다. 청년 스타트업, 테크, 창작, 금융, 예술 등 분야도 다양하다. 그들은 공통적으로 창업을 꿈꾼다. 그리고 커뮤니티 내에서 도움을 주고받으며 성장할 수 있다고 생각한다. 나아가 각자가 가진 기술과 능력으로 세상을 바꿀 수 있다고 믿는다. 같은 생각을 하는 청년들이 논스로 모이고 있으니 커뮤니티의 규모는 더욱 확장될 것이다.

충남 공주에는 제민천을 중심으로 자기만의 속도로 살아가고 싶은 이들이 모였다. 대부분 지나친 경쟁이 체질에 맞지 않아 불편했던 이들이다. 이곳으로 온 청년들은 자동차보다 자전거, 술집보다 서점, 비즈니스 전략보다 커뮤니티 활동에 관심이 많다. 제민천 커뮤니티의 수장인 권오상 대표는 상권의 다양성을 걱정한다. 반경 500m 내에 9개의 서점이 생겼는데, 음식점과 술집은 생기지 않는다는 것이다. 생물 종이 그러하듯 다양성이 사라지면 생태계는 균형이 무너지게 된다는 점을 걱정하는 것인데, 서점이 많이 생겼다는 점에서 이곳만의 특별한 지역색이 느껴지는 부분도 있다.

인천 개항로에는 오프라인에서 장사를 하고 싶은 청년들이 모이고 있다. 그들은 자신만의 브랜드를 만들고, 지역 상권과 연합해 세계 정복을 꿈꾼다. 개항로프로젝트의 수장인 나는 개항로의 원래 주인인 노포를 브랜딩하고, 청년 사업가들이 안전하게 뿌리내릴 수 있도록 돕는다. 그리고 개항로로 사람들을 불러 모으기 위한 다양한 이벤트를 기획하고 실행한다.

신부족 시대의 핵심은 주체적인 삶

취향이 같은 사람을 만나는 방법과 정보를 얻는 방법이 다양하고 풍성해졌다. 속도도 빠르다. 사람들은 빠르게 모여 부족을 형성한다. 지금 이 순간에도 많은 사람들이 각자의 취향에 맞는 지역으로, 자신과 비슷한 성향을 가진 사람들을 찾아 항해 중이다. 언젠가 그들은 새로운 부족을 형성할 것이다. 그리고 다른 부족과 동맹을 맺고 교류하며 세력을 확장할 것이다. 그렇게 생존을 위해 무리를 이뤘던 과거의 부족 시대와 달리 21세기 부족은 뚜렷한 개성과 생활 방식, 철학을 가진 집단으로 진화하게 될 것이다. 그러나 개인이 부족원인 동시에 철저하게 개인으로 존재한다는 점에서 과거의 부족 시대와는 다른 성격을 지니게 된다.

로컬로 가기 전에 나는 어떤 취향을 가지고 있는지, 어떤 부족원이 되는 게 좋을지 스스로에게 물어봐야 한다. 물론 그 전에 자신의 취향과 성향, 좋아하는 것과 싫어하는 것 등을 명확히 알아야 한다. 인생은 길지 않다. 그리고 다른 사람들은 내 인생에 별로 관심이 없다. 내가 원하는 방식으로 사는 데에는 약간의 용기와 믿음만 있으면 충분하다.

서칭하고 콘택트하라

양질의 정보는 우리가 보다 나은 선택을 하도록 돕는다. 로컬로 내려가기로 결정했지만 아직 어느 지역으로 가야 할지 정하지 못했다면 정보 수집을 먼저 해야 한다. 발품을 팔아도 좋고, 여행이나 출장을 갔던 곳 중 마음에 드는 지역이 있다면 조금 더 깊이 알아봐도 좋다. 농사를 지을 때 새롭게 땅을 일궈 밭을 만드는 것보다 일궈진 밭에서 내가 키우고 싶은 작물이 잘 자랄지 알아보는 것이 수월하듯, 아무런 연고가 없는 로컬로 향할 때 가장 확실한 방법은 문화가 일어나고 있는 지역을 찾아 그 지역에서 내 사업이 성장할 가능성이 있는지 확인해 보는 것이다. 먼저 정착한 이들 중 대장 격인 사람이 어떤 사업을 주도적으로 전개하고 있는지 인터넷으로 검색해 나만의 로컬 지도를 작성해 보는 것이 좋다.

로컬에서 벌어지는 일들을 파악하라
로컬을 일구는 것보다 만들어진 로컬에서 내가 할 수 있는 일을 찾는 것이 훨씬 현실적이다. 이미 많은 로컬 기획자들이 지역에 내려가 다양한 프로젝트를 진행하고 있다. 강원도 춘천·양양·속초, 경기도 수원, 전남 여수·목포, 전북 군산·전주, 광주, 제주 등을 무대로 대장 격인 기획자를 중심으로 사람들이 모여 다양한 사업을 전개하고 있다.

인터넷으로 각 지역의 문화를 일구는 기획자가 어떤 사람인지 알아보고, 그들의 움직임을 파악하자. 누가 어떤 일을 하고 있는지 파악해야 내가 그 사람들과 같이할 수 있는지 결정할 수 있다. 나아가 내가 원하는 라이프스타일 비즈니스 또는 지역 자원을 활용해 비즈니스를 전개할 때 내가 지역에 어떤 도움이 될지, 먼저 정착한 로컬 기획자와 이웃의 활동이 내 비즈니스에 어떠한 도움을 줄지, 내가 그들과 어우러져 시너지를 낼 수 있을지 등을 먼저 판단해야 한다.

나는 로컬에 어떤 도움을 줄 수 있을까

거의 모든 로컬 기획자가 소셜 미디어 계정을 운영하며 활발하게 소통한다. 만들어진 로컬에서 하고 싶은 일이 있거나 도움을 청하고 싶다면 인스타그램 DM이나 페이스북 메시지, 이메일 등으로 대장 격인 로컬 기획자와 콘택트하면 현실적인 조언을 구할 수 있다. 다만 대장 격인 기획자들은 하루에도 수많은 메시지를 받으니 눈에 띄려면 매력적으로 자신을 어필해야 한다. 나는 어떤 사람인지, 어떤 생각을 가지고, 어떤 일을 해왔으며, 어떤 일을 하고 싶은지, 왜 그 지역을 선택했는지를 솔직하고 명확하게 밝혀야 한다.

사업가가 누군가를 돕겠다고 결정했을 때는 그 사람의 생각과 태도가 마음에 들기 때문이다. 그리고 그 사람의 어떤 부분이 자신에게 도움이 되겠다고 판단되면 적극적으로 돕는다. 메시지를 작성하기 전 하고 싶은 일에 대해 진지하게 고민하고, 성공했을 때 로컬에 어떤 도움을 줄 수 있을지 생각하는 것이 좋다.

로컬 족장에게 직접 콘택트하라

나는 지금까지 무언가를 제안했을 때 거절당한 적이 한두 번밖에 없다. 내가 가진 포트폴리오가 빈약할 때도 기업을 상대로 다양한 제안을 했고, 거절당하지 않았다. 나는 주로 페이스북 메시지로 접촉했다. 이때 대리, 과장, 팀장급이 아닌 의사 결정권자인 대표에게 다이렉트로 메시지를 보냈다. 대표가 메시지를 읽지 않을 확률과 대리가 내 메시지를 읽고 수많은 단계를 거쳐 오해 없이 대표에게 전해질 확률 중 어느 것이 더 높을까. 대표는 늘 새로운 무언가를 원한다. 생각을 잘 정리해 정성스럽게 메시지를 작성하면 연락 올 확률이 꽤 높다.

개항로프로젝트를 알리기 위해 방송이나 신문·잡지 기자들과 인터뷰를 하다 보면 그들이 개항로프로젝트는 물론이고 나의 이

력에 대해서도 잘 파악하고 있음을 알 수 있다. 자료 조사를 꼼꼼하게 했기 때문이다. 반면 프로젝트를 함께 진행하고 싶다면서 찾아온 지역 사람들은 첫 질문이 "개항로프로젝트가 뭐예요?"인 경우가 많다. 시간 낭비하고 싶지 않아 그들을 내보내고 문을 닫고 마음도 닫는다. 메시지를 보내기 전 로컬에서 벌어지는 일을 숙지해야 보다 깊이 있는 질문이 오가며 심도 깊은 대화를 나눌 수 있다.

연결 고리가 없는 사람에게 나를 각인시키는 전략

완전히 남인 사람에게 생긴 호기심을 확신으로 각인시키는 방법은 간단하다. 솔직해야 한다. 인터넷에서 검색한 내용을 긁어 적당히 버무려 있어 보이는 말로 포장한 메시지로는 '족장'의 마음을 움직이지 못한다. 아는 얘기를 하는지, 모르는 얘기를 하는지, 어디서 본 것을 그럴싸하게 늘어놓는 것인지, 책에서 읽은 내용을 자신의 얘기처럼 꾸민 것인지 등이 질문 한두 개면 모두 들통난다. 지금도 나는 나보다 나이가 많은 60~70대 기업 대표를 만날 때마다 마음속으로 '아는 것만 솔직하게 말하자'고 다짐한다. 그들의 눈에는 다 보이기 때문이다. 나도 나보다 경험이 부족한 청년들이 어디선가 주워들은 얘기를 자신의 생각인 양 둘러대는 것을 금방 눈치채는데, 훨씬 노련하고 경험 많은 그들이 눈치채지 못할 리 없다.

개항백화 대표와의 인연

개항로프로젝트의 개항백화 대표는 페이스북으로 메시지를 받으면서 인연이 된 사례다. 자신은 어떤 일을 하는 사람이고, 앞으로 어떤 일을 하고 싶다고 메시지를 보내왔다. 직접적인 도움을 주지는 못하더라도 그의 꿈을 응원해 주고 싶을 정도로 생각도 하는 일도 멋있는 친구였다. 얼마 지나지 않아 다시 연락이 왔다. 만나서 보여주고 싶은 것이 있다고 했다. 지상파 방송사 예능 PD 출신인 그는 지금까지 자신이 작업한 사진과 영상물을 가져왔다. 그리고 개항로프로젝트에 합류해서 하고 싶은 일들에 대해 말했다. 그 친구는 지금 백 가지 물건은 없지만 백 가지 이야기를 담고자 하는 '개항백화' 대표다. 현재 개항백화는 특색 있는 다양한 브랜드가 입점한 소품 숍으로 운영 중이다.

가진 게 없는 이들에게 솔직함은 최대의 무기

당신이 보낸 메시지가 족장의 마음을 움직였다면 족장은 당신의 이야기를 더 듣고 싶어 만남을 요청할 것이다. 온라인 플랫폼이 됐든, 족장의 활동 영역인 로컬이 됐든, 족장이 당신이 있는 곳 가까이로 찾아가든 만남이 성사됐다면 정말 솔직해야 한다.

　돈을 많이 벌기 위해 로컬을 택했거나 명예욕을 채우기 위해 로컬을 택했다면 포장하지 말고 그대로 말해야 한다. 각자의 이상은 모두 다르다. 옳고 그름으로 판단되지 않는 문제다. 로컬에서 장사해서 돈을 많이 벌고 싶다거나 유명해지고 싶다는 욕망을 드러내는 것을 천박하게 여긴다면 당신이 꼰대다. 다만 태도는 매우 중요하다.

내가 가진 고유의 것을 드러내라

중요한 점은 이 만남에서 내가 가지고 있는 '고유의 것'을 보여줘야 한다는 것이다. 성공한 프로젝트가 있다면 족장은 최초의 아이디어가 성공으로 이어지는 과정이 궁금할 것이고, 실패를 했다면 실패 이후의 극복 과정과 대처 능력을 궁금해할 것이다. 당신 역시 그 지역이 당신에게 잘 맞을지, 족장이 당신과 잘 맞는 사람인지, 함께 일을 할 수 있는지, 당신에게 어떤 도움을 줄 수 있는지 파악하길 바란다.

만약 족장이 당신의 아이디어에 관심이 있다면 그 미팅에서 모든 걸 보여줄 것이다. 로컬에서 진행되는 프로젝트의 리스트를 공유하고, 각 프로젝트는 어떤 아이디어로 시작해 현재에 이르렀는지, 자신은 그 안에서 어떤 역할을 하고 있으며, 당신의 아이디어를 어떻게 로컬에 적용해 확장할 수 있는지 등등. 대화하면서 생각이 잘 통하고 마음이 맞으면 술을 마시며 좀 더 깊은 대화를 나눌 수도 있다.

로컬에서 살아보라

지역을 정하고 족장과 만나 지역에 대한 정보를 얻었다면 완전히 이주하기 전에 그곳에서 되도록 많은 시간을 보내는 게 좋다. 여행자의 시선으로 바라본 지역과 주민의 입장으로 살아본 지역은 완전히 다르기 때문이다.

지역에 머무르며 사람들을 만나 이야기를 나누고, 지역에서 어떤 일이 벌어지고 있는지 확인하고, 특유의 날씨나 특징을 살피며 나와 지역이 잘 맞을지 테스트하는 시간을 갖는 것은 굉장히 중요하다. 그렇게 지역에서 지내면서 내가 실현하고 싶은 아이디어를 어떻게 전개할 수 있을지 시뮬레이션해 보는 게 좋다. 온라인을 기반으로 할 것인지, 오프라인에 점포를 낼 것인지, 오프라인 기반의 사업을 한다면 위치는 어디가 좋을지, 공간의 크기는 어느 정도가 좋을지 천천히 지역을 둘러보며 따져봐야 한다.

지역과의 궁합 테스트를 하루 만에 끝내는 사람도 있고, 1~2년씩 걸리는 사람도 있다. 탐색 기간이 길어진다는 것은 그만큼 신중하다는 얘기일 수도 있지만, 지역에 확신이 없다는 의미이기도 하다. 확신이 서지 않는다면 로컬을 선택할 때 후보에 올려놨던 다른 지역을 다시 살펴보자. 나는 지역을 선택하는 것이 사랑에 빠지는 과정과 비슷했다. 첫눈에 반했고, 머물수록 좋았다. 그럼에도 지역에서 살아가려면 어려운 점이 한두 가지가 아니다.

국가 정책을 주시하라

국가 정책에 따라 지역의 흥망이 갈리는 경우도 많다. 국정 과제를 실현하기 위해 정부의 각 부처에서 다양한 법률을 만들어낸다. 그리고 가장 먼저 지역을 설정하는데, 선정된 지역은 머지않은 미래에 많은 자본이 투입돼 바뀔 가능성이 높다. 그런 지역에 합류한다면 유리하다. 빠르게 정보를 수집해 지역에 자리를 잡고, 지역을 파악하고, 사람들과 친해져 해당 프로젝트에 내가 필요한 사람임을 증명해 낸다면 정부 자금을 지원받아 사업을 시작할 수 있다.

각 지역마다 청년들을 돕는 사업 프로그램을 많이 진행하고 있다. 장사 초보자들은 자신이 하고자 하는 사업을 지원해 주는 프로그램이 있는 지역으로 가는 게 유리하다. 정부 지원금은 물론이고 전문가 컨설팅도 무료로 받을 수 있다.

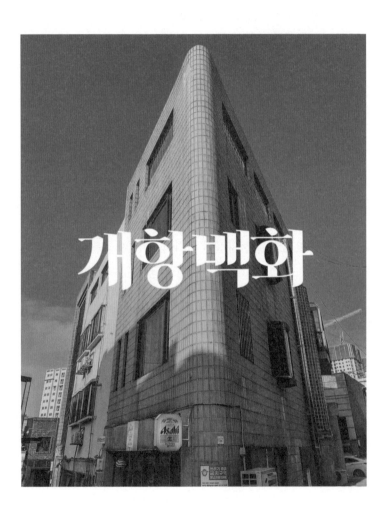

2

나만의
시선과 관점으로
분석하라

도시 분석

사업 시작 전 충분한 자료 조사를 했고, 지역을 오가며 수없이 시뮬레이션을 돌려봤으며, 자금 투자도 아끼지 않으며 정말 열심히 일했는데 왜 망했는지 모르겠다고 토로하는 사람들을 가끔 만난다. 얘기를 들어보면 그 사람만 특별한 노력을 한 게 아니다. 다른 사람도 똑같이 했고, 똑같이 망했다. 이를테면 전국에 청년몰이 생겼고, 모든 지자체는 워케이션 프로그램을 운영한다. 공유 주방 없는 지역이 없다.

왜 경로당을 이용하는 어르신들은 외로울 거라 속단하고, 왜 농촌은 평화로울 거라 착각하는가. 책에 그렇게 적혀 있기 때문이다. 포털 사이트가 제공하는 데이터도, 미디어에서 하는 얘기들도 마찬가지다. 그래서 망하는 것이다. 내가 찾아내고 내가 경험한 데이터가 아니라 '다른 사람의 생각'대로 했기 때문이다.

나만의 시선과 관점으로 분석할 것
로컬에서 사업을 하고 싶다면 가장 먼저 해야 할 일은 지역을 자신만의 기준으로 분석하는 것이다. 인터넷 자료나 책을 찾아보면 각 지역의 성격과 배경, 역사, 문화, 해야 할 일까지 친절하게 전문가가 분석해 놓은 자료를 어렵지 않게 구할 수 있다. 만약 그 자료를 토대로 사업을 계획한다면 내 사업은 망하거나 시시한 프로젝트 중 하나가 되기 쉽다. 운이 좋아 잘되더라도 독창성이 없어 쉽게 카피당할 것이다. 전문가가 분석한 정보는 누구에게나 열려 있다. 같은 지역에서 다른 프로젝트를 준비하는 다른 사람들 역시 그 정보를 알고 있을 확률이 높다.

도시 분석에서 가장 중요한 것은 자신만의 시선으로 도시를 바라보고 분석하는 것이다. 그 분석 위에서 사업을 시작해야 한다. 그래야 자신이 하고 있는 일에 대해 타인에게 제대로 설명할 수 있고, 나만의 브랜드로 만들 수 있다. 망하는 것을 두려워하지 말자. 망해도 멋지게 망해야 다음 기회가 온다.

당신이 무엇을 해도 응원하고 지지할 1%가 있다

물론 로컬에 대한 전문가들의 분석은 배경 지식을 넓힌다는 차원에서 숙지하는 것이 좋다. 유익한 공부가 될 것이다. 하지만 전적으로 그 정보에만 의지하면 안 된다는 얘기다. 가장 위험한 것은 자료를 너무 많이 찾아보고 너무 열심히 공부해 다른 전문가들의 생각을 마치 자신의 의견인 양 여기는 것이다. 이렇게 되면 자신의 것은 사라지기 쉽다.

전문가의 시선으로 분석한 도시 정보는 모두 잊고 제로 상태로 돌아와 자기만의 시선으로 지역을 분석해 내야 한다. 99%가 나의 도시 분석이 틀렸다고 하더라도, 세계 어딘가에 있는 1%는 나와 같은 생각을 가졌을 것이다. 적은 사람에게라도 공감을 얻을 수 있다면 비즈니스를 하는 데 전혀 문제가 없다. 만약 공감하는 사람이 1%밖에 되지 않는다면 영어 공부를 열심히 해 시장 범위를 전 세계로 확장하면 된다. 그러니 쫄지 말고, 공부를 열심히 하되 모두 무시하고, 나만의 기준으로 도시를 분석하자.

비즈니스의 판단 기준이 될 분석

나만의 도시 분석이 중요한 이유

다른 사람들이 제공하는 자료와 내가 직접 수집한 정보를 바탕으로 내 방식대로 도시를 분석해야 내가 그 도시에서 해야 할 일이 보인다. 내 시선으로 도시에서 부족한 부분을 발견하고, 내가 할 일을 찾아야 한다. 도시 분석을 마치고 내가 하고 싶은 일을 찾아 사람들에게 내 생각을 공유하면 동조하며 격려하는 사람도 있고 반대하는 사람도 있을 것이다. 전자는 나와 취향이 맞는 사람이고 후자는 그렇지 않은 사람이다. 반대하는 사람의 수가 훨씬 많더라도 주눅 들 필요가 없다. 물리적 거리가 사업에 지대한 영향을 끼치던 과거와 달리 이제는 나와 같은 취향을 가진 전국의 사람을 찾아내는 게 그리 어려운 일이 아니다.

사업의 판단 기준이 될 분석

사람들은 모험을 달가워하지 않는다. 음식점을 준비할 때 가장 흔히 저지르는 실수가 지인을 모아 메뉴 시식을 하는 것이다. 그저 반응만 살피는 거라면 괜찮지만, 그들의 조언에 따라 레시피를 수정하는 건 문제다. 가까운 사람들의 말을 듣고 레시피를 수정한다는 것은 내 음식이 평범해지기를 자초하는 것이다.

창업을 준비하는 동안 모든 판단의 기준은 나만의 도시 분석의 결과여야 한다. 만약 내가 음식점을 준비하면서 시식단을 초청해야 한다면, 나는 지인이나 전문가가 아닌 다양한 연령대와 직업군과 인종을 초대할 것이다. 그리고 내가 어떤 생각을 가지고 지역에서 음식점을 시작하게 됐는지, 어떤 기획과 콘셉트로 음식점을 운영할 것인지에 대해 이야기할 것이다. 음식이 조금 짜다는 평이 있어도 "나는 조금 짠 음식을 선호한다"라고 말할 수 있어야 한다. 운이 좋아 전문가의 컨설팅을 받을 기회가 있다고 하더라도 무조건적 수용은 금물이다. 그의 조언이 나의 도시 분석 결과 내에서 수용되는지, 내 사업장의 콘셉트와 잘 맞는지 확인해야 한다. 그리고 내 기획을 업그레이드할 수 있다면 받아들이고, 그렇지 않다면 참고만 하는 게 좋다.

거창하지 않아도 괜찮다

인천 개항로에서 비건 레스토랑을 운영하는 청년이 있다. 이전에는 부대찌개 가게를 운영했는데, 아내의 제안으로 업종을 변경한 사례다. 그 부부 역시 우선적으로 도시 분석부터 했다. 건강한 식생활을 하는 사람들에 의해 비건식에 대한 수요가 높아졌지만 인천에는 비건 레스토랑이 없었다. 부부는 개항로라는 지역에서 비건식이 받아들여질지 고민했고, 같은 아이템이라면 개항로보다 송도가 더 잘 어울릴 것 같아 두 지역을 모두 분석했다고 한다. 인천과 인천 상권에 대해 많이 알고 있다고 여겼던 나도 그 부부와 상담하기 전에는 인천에 비건 레스토랑이 없다는 사실을 몰랐다. 도시 분석은 이 정도까지만 해도 좋다. 누구나 할 수 있는 간단하고 쉬운 일, 그렇게 어렵게 생각하지 말라는 의미다.

로컬행이 어렵다면 인터넷으로 서칭하라

도시 분석을 할 때 그 지역에서 지내면서 실제로 부딪히면 고급 정보를 수집할 수 있지만, 반드시 그래야 하는 건 아니다. 인터넷으로 전국의 로컬을 리스트업하고, 족장 격인 사람이 어떤 성향을 가지고 어떤 일을 해왔는지 살펴본 다음, 로컬에 나와 비슷한 성향을 가진 이들이 있는지 체크하는 것만으로도 도움이 된다. 그러고 나서 지역으로 내려가 잠시 살아보면 된다. 사람들을 실제로 만나면서 내가 저 사람과 협업할 수 있을지 확인하고, 인적 프레임워크를 구성해 보자.

도시 분석, 인천 편

지리적 특성

영국과 대한민국의 지도를 겹치면 거의 비슷하게 포개진다. 리버풀은 인천, 런던은 부산, 버밍엄은 대전과 만난다. 놀랍게도 지리적 특성에 따라 도시는 비슷하게 기능했다. 리버풀은 서쪽 바다를 통해 미국과 교역했고, 런던은 동쪽 바다를 통해 유럽과 교역했으며, 버밍엄은 철도 교통의 중심이었다. 인천과 부산, 대전 역시 비슷한 역할을 해왔다. 영국이 대한민국보다 산업에서 앞서갔으니, 리버풀의 변화상을 보면 인천의 미래를 예측할 수 있지 않을까.

리버풀뿐만 아니라 미국 뉴욕, 일본 요코하마도 인천과 비슷하게 기능했다. 시대의 흐름에 따라 비슷한 변화의 과정을 거쳤다. 해안 도시의 숙명처럼 산업 혁명 이후 다른 국가나 도시와 교역하기 위한 국가 시설과 공장, 이를 보조하는 산업 시설이 밀집했고, 산업 구조가 변하면서 쇠퇴한 채 방치됐었다. 그리고 지금은 도시 재생을 통해 쓸모를 잃고 방치됐던 건물과 시설이 호텔과 카페, 갤러리, 음식점, 박물관, 관광 시설 등으로 변모했다. 테이트 모던, 아카렌가 창고, 하이라인 파크, 첼시마켓 등이 모두 그렇게 탄생한 장소다.

발전 가능성

예로부터 인천은 외부 문물을 받아들이는 창구 역할을 했다. 국제공항과 국제 여객선 터미널이 생긴 이후에는 세계로 뻗어 나가는 관문 역할도 하고 있다. 배를 타고 인천항에 도착한 물류는 트럭에 실려 경인고속도로를 타고 서울로 보내진다. 인천 바닷가에는 이를 위한 시설인 공장과 창고, 배와 자동차를 수리하는 조선소와 크레인 등이 즐비하다. 산업 구조가 바뀌었고, 한국은 더 이상 노동 집약적 산업을 하지 않는다. 머지않아 인천 바닷가의 공장과 창고도 쓸모없어지는 날이 올 것이다.

인천 개항로는 걸어서 10분 거리에 바다가 있지만, 바다를 전혀 느낄 수 없다. 민간인 통제 시설과 산업 시설이 바다를 가로막고 있기 때문이다. 그렇다면 인천의 다음 단계는 어떤 모습일까. 세계사적 흐름에 따라 유추해 보자면, 리버풀과 뉴욕, 요코하마가 과거 산업을 그대로 유지한 것이 아니라 시대 흐름에 따라 변화했듯 인천도 비슷한 절차를 밟으며 발전할 것이다. 바다가 열리고, 바닷가의 공장과 창고, 조선소 등이 갤러리와 호텔, 카페, 관광지 등으로 변한다면 개항로의 위상은 완전히 달라질 것이다.

인구

도시 분석 당시 인천의 인구는 295만 명이었으며, 2021년 기준 6개의 광역시(부산, 대구, 인천, 광주, 대전, 울산) 중 유일하게 인구 증가세를 보였다는 점에서 충분한 성장 가능성이 있다. 이는 인천에서 사업을 한다면 지방의 다른 도시처럼 사람 숫자로 경쟁을 할 필요가 없다는 의미다. (2023년 10월 기준 인천의 인구는 299만 명으로 증가했다.)

최근 로컬이 주목을 받으면서 지방 도시 경쟁은 더욱 치열해졌다. 지방 도시는 주말에 이동하는 한정된 대한민국의 인구를 데려오기 위해 경쟁해야 한다. 지방 도시들이 멋있어질수록 관광객의 선택지는 늘고, 경쟁은 더 치열해질 수밖에 없다. 인천은 그 다툼에서 우위를 선점하고 있다. 일단 인천 인구가 295만 명이고, 인접한 서울과 경기도 인구가 각각 1000만 명씩이다. 2000만 명의 배후 인구가 있으니 인천만 잘한다면 타 도시처럼 인구로 걱정할 필요가 없다. 요즘 같은 시대에 인구 유치로 걱정할 필요가 없다는 것은 굉장한 축복이다.

그럼에도 불구하고 인천으로 여행을 오는 사람들은 드물다. 실제로 영종도 호텔과 인천국제공항을 제외하면, 인천에 오지는 않는다고 답한 이들이 많았다. 그 매력을 사람들에게 잘 알릴 수 있다면 인천 사람뿐만 아니라 배후 도시에 있는 사람들이 움직일 것이다.

극복해야 할 이미지

"서울 살다 이혼하면 부천 가고, 망하면 인천 간다"는 말이 있다.

인천은 편견을 많이 받고 있는 도시다. 범죄율 높은 도시, 학업

인구 1000명당 범죄 발생 건수

제주특별자치도	40.2
부산광역시	33.5
서울특별시	30.6
대전광역시	30.5
인천광역시	30.0
광주광역시	30.0
대구광역시	29.9
충청북도	29.9
전국 평균	29.8
경기도	29.4
경상남도	29.3
충청남도	29.0
강원도	28.9
경상북도	27.9
전라남도	27.7
울산광역시	27.6
전라북도	27.3
세종특별자치시	17.6

자료 출처: 경찰청

성취도가 낮은 도시, 싸움이 많이 벌어지는 도시, 양아치 천국, 마계(악마의 세계) 인천. 부정적인 선입견은 인천에 살고 있는 사람들에게는 일종의 패배감을 안겼고, 인천에 살고 있지 않은 사람들에게는 후진 삼류 도시라는 인식을 심어놨다.

오히려 나는 이 부분을 인천의 가능성으로 해석했다. 앞서 언급한 선입견은 모두 사실이 아니기 때문이다. 사실과 다르다는 것을 인식시키거나, 인천에 대한 선입견을 밈화시켜 도시의 이미지로 차용하면 오히려 특색 있는 도시가 될 거라고 생각했다.

부동산 가격

인천은 청년들이 건물을 매입해 사업을 해볼 만한 도시다. 인구적 측면에서 다른 광역시보다 유리하고, 지리적 측면에서도 서울·경기도와 가까운 이점이 있다. 그럼에도 다른 광역 도시에 비해 부동산이 상당히 저렴하다. 물론 부동산을 매입해 사업할 수 있는 지방 소도시는 많다. 하지만 인구 소멸이라는 악재가 사라지지 않는 한 사업할 때 부동산을 소유하는 것은 리스크가 너무 크다. 서울은 인구가 소멸될 가능성이 없지만 부동산이 너무 고가라 청년들이 부동산을 소유하고 사업을 하는 것이 사실상 불가능하다.

결론적으로 인구도 풍부하고 배후 인구도 많지만 부동산 가격은 저렴해서 상대적으로 청년들이 부동산을 소유해서 사업을 할

수 있는 도시는 인천이 유일하다고 봐야 한다. 인천 붐이 일 수
있는 이유이기도 하다.

분석 결과에 매력 더하기

인천은 인구도 많고, 인구가 줄어든 적도 없는 도시다. 6개의 광
역시 중 젊은 인구 비율이 가장 높은 곳이기도 하다. 2019년
GDP는 부산을 넘어섰고, 배후 인구가 2000만 명에 달하는 가능
성 있는 도시다. 부동산도 저렴하다. 송도 국제도시와 국내 최대
규모의 구 도심이 존재하며, '대한민국 최초'의 타이틀을 달고 있
는 근대 문화유산도 많다. 바다에는 아직 사람들에게 알려지지
않은 섬이 가득하다. 그리고 아직 개봉하지 않은 인천만의 지역
자산도 많다. 인천은 유형·무형의 자산이 가득한 곳이다.

　매력적인 요소가 가득한데 인천은 아직 전혀 매력적이지 않
다. 그렇다면 인천은 로컬 사업지로서 도전할 만한 도시라고 판
단했다. 내가 인천에서 개항로프로젝트를 시작한 결정적인 이유
이다.

도시 분석, 제주도 편
토리코티지 프로젝트가 시작된 2000년대 분석

지리적 특성

제주도의 면적은 서울의 3배에 달한다. 에메랄드빛 바다가 있고 드넓은 해안이 있으며, 산도 끼고 있다. 대한민국은 점점 발달할 것이고, 경제는 물론이고 문화 대국으로 성장할 것이다. 글로벌 시티로 도약한다면 서울 다음은 제주도가 될 가능성이 크다.

물리적인 거리는 멀지만 저가 항공 노선이 운항하면서 정서적 거리는 1시간 이내다. 사람들의 라이프스타일이 변화하고 있고, 머지않아 제주도가 재평가받게 될 것이라는 확신이 들었다. 그렇다면 제주도에 새로운 개념의 숙소를 지어도 되지 않을까.

발전 가능성

가끔 TV 버라이어티 쇼를 보면서 시류를 읽곤 하는데, 그때도 〈패밀리가 떴다〉를 보고 있었다. 연예인들이 시골집에서 밥해 먹고 게임하면서 하룻밤 자는 시골 체험형 숙박 예능이었다. 그 프로그램은 사람들에게 시골 가서 이렇게 놀아도 재미있다는 인식을 심어줬다. 〈1박 2일〉도 마찬가지였다. 이러한 프로그램이 인기를 끌면서 시골에 대한 이미지가 좋아졌다.

2000년대 후반만 해도 제주도의 경쟁 상대는 부산이었다. 그래서 부산과 제주도를 분석했다. 서울을 기준으로 물리적 거리는 제주도가 부산보다 멀지만 시간적 거리는 가깝다. 마침 저비용 항공사 노선이 취항하면서 비용적 거리도 제주도가 점점 가까워지고 있었다. 부산보다 먼 것은 인식적인 거리일 뿐이라는 결론에 이르렀다. 더욱이 버라이어티 쇼에 제주도가 노출되는 빈도가 잦아지면서 인식적 거리도 좁혀가는 중이었다. 이렇게 미디어에 자주 노출돼 사람들의 인식과 실제의 갭이 줄어든다면 제주도가 재평가받게 될 것이라는 믿음이 생겼다.

관광에는 일정한 패턴이 있다. 처음 해외여행을 할 때는 단체관광을 갔다. 깃발 따라 몰려 다니면서 정해진 스케줄대로 움직였다. 그것이 싫은 사람들은 에어텔을 찾았고 호텔팩을 소비했다. 다음에는 인원을 줄여 소규모로 단체 여행을 다녔다. 이 과정을 모두 거친 후에 자유 배낭여행이 시작됐다. 요즘 여행자들은 '서유럽 8개국 10일 정복' 같은 데에 관심 없다. 빈티지 마켓을 찾아가고, 와이너리나 위스키 투어를 간다. 축구, 차, 커피, 자동차 등 관심 분야의 산지를 찾아다닌다. 한국에서의 여행 패턴도 바뀔 거라고 생각했다. 지역 자원은 부산보다 제주도가 몇 수 위에 있다. 그렇다면 제주도가 부산을 대신할 수 있을 것이다.

인구

서울 면적의 3배인데 인구는 70만 명이 넘지 않는다. 비행기와 배를 타고 드나드는 사람이 기록되기 때문에 통계가 매우 정확하다. 그 데이터를 기준으로 분석하니 대부분의 관광객은 제주도에서 2박 3일가량 머물렀고, 하루 평균 제주도에 머무는 인구는 70만 명 수준이었다. 도민 70만 명과 관광객 140만 명이 머무는 것이다. 인프라가 좋아진다면 거주 인구는 물론이고 여행 인구도 늘어날 것으로 분석했다.

극복해야 할 이미지

제주도의 유일한 걸림돌은 교통이다. 영국을 비롯한 유럽 전역에는 저가 항공 노선이 촘촘하게 연결돼 있었다. 저가 항공의 등장은 비행기는 비싼 교통 수단이라는 인식을 무너뜨린 계기였는데, 유학 시절 나는 런던에서 프라하를 세금 포함해 1유로에 다녀온 적도 있다. 대한민국도 인근 국가와 도시를 잇는 저가 항공 노선이 폭발적으로 증가할 거라고 믿었다. 경쟁이 심화하면서 렌터카 가격이 저렴해진 것처럼 항공권 역시 저렴해질 것이다. 모든 것은 시간문제일 뿐 당연히 다가올 미래였다.

부동산 가격

"화산 터진 이후로 한 번도 땅값이 오른 적이 없다"고 말할 정도로 당시 제주도는 부동산 값이 저렴했다. 2000년 초중반 무렵 해안가 땅은 3.3제곱미터당 100만 원 미만, 동부의 경우 70만 원, 해변을 조금만 벗어나면 30만~50만 원 정도였다. 경북 과수원 땅값과 비슷한 수준이었다. 접근하기 어려운 산속 과수원과 2차선 도로를 건너면 바다가 펼쳐지는 땅의 가격이 같다면, 확실히 저평가된 것이 맞다.

제주도가 무분별하게 개발돼 가치를 잃을 거란 우려도 높았다. 하지만 나는 당시에도 그 의견에는 반대했다. 대한민국은 난개발을 용납할 정도로 수준 낮은 국가가 아니다. (실제로 제주도는 규제를 강화했다. 과거에는 중산간 지대에 집을 지을 수 있었지만, 지금은 중산간 지대에서 일정 거리 내에는 집을 지을 수 없다. 옛날 집은 오수관 없이 정화조를 만들어 주기적으로 분뇨차가 와서 오물을 퍼내야 하는데, 이제는 일정 해발 고도 이상의 지역에는 오수관을 설치하지 않으면 건축 허가를 내주지 않았다. 중산간 지대에 집을 지으려면 해안 도로까지 오수관을 연결해야 하는데, 오수관을 매립하려면 비용이 만만치 않다. 규제를 하는 거다.)

법률이 정해지거나 환경적인 규제가 생기면 그 이전으로 돌아가는 것은 거의 불가능하다. 규제가 강화될수록 이미 개발된 땅의 가치는 상승할 것이다. 게다가 인천처럼 개간 사업으로 땅을 넓히거나, 부산처럼 이웃한 도시로 확장될 수도 없다. 제주도 밖은 바다다. 땅은 한정적이고 개발은 어렵다면 앞으로도 계속 땅값이 오를 것이다.

분석 결과에 매력 더하기

내가 제주도에서 사업을 하겠다고 했을 때 모두가 만류했다. 이후 제주도에 토리코티지를 만들고 이게 주목을 받자 가장 강력하게 반대한 사람은 "그래도 제주도는 절대 하와이가 될 수 없다"고 말했다. 이전에 제주도는 부산과 경쟁했는데, 이제는 하와이와 비교된다. 물론 자연적인 조건만 비교하면 제주도는 절대 하와이를 넘어설 수 없다. 하지만 로컬 브랜딩이 들어가면 얘기가 달라진다. 제주도만 가지고 있는 매력을 발견하고 콘텐츠화하면 된다. 풍어를 기원하며 일 년에 한 번 모슬포에서 지내는 굿, 일 년에 두 번 태양 빛이 신전 안쪽의 성소를 비추는 아부심벨처럼 특정 오름에서 일 년에 몇 번밖에 볼 수 없는 신기한 일출 같은 것들을 만들어내면 된다. 제주도가 하와이를 넘어설 수 있는지는 아직 모르겠지만, 확실한 건 넘어설 필요가 없다는 것이다.

부동산 구하기

지역의 역사가 담긴 상징적인 건물을 찾아라

그동안은 건물의 가치를 판단할 때 정량적인 방법을 썼지만, 요즘은 평가 기준이 달라지고 있다. 과거에는 서울에서 건물 고를 때 역에서 얼마나 가까운지, 몇 평인지, 몇 층인지, 엘리베이터는 있는지 등이 판단 기준이었다. 하지만 우리나라에서도 점차 그 건물의 역사가 무엇이고, 지금은 누가 장사를 하는지 등 콘텐츠를 중요하게 여기기 시작한 것이다.

과거에는 건물주들이 콘텐츠를 중요하게 여기지 않았다. 건물은 부족하고 장사하거나 사업하는 사람이 많으니 사업 아이템과 상관없이 건물의 가치가 높았기 때문이다. 하지만 이제는 콘텐츠에 따라 건물의 가치가 달라지는 시대가 됐다. 이제 건물주들은 당장의 임대료를 많이 받는 것보다 건물의 가치를 높여줄 수 있는 콘텐츠를 가진 세입자를 선택한다. 실제로 힙한 브랜드를 자신의 건물에 유치하고자 임대료를 낮추기도 한다.

콘텐츠도 중요하지만 영원불멸한 것이 있다. 지역의 가치를 가지고 있는 건물이다. 오랫동안 우체국이나 경찰서로 사용됐던 건물, 지역에서 이름만 대면 다 알 만한 목욕탕, 약국, 한의원, 병원 건물도 마찬가지다. 건물만 튼튼하다면 역사가 오래될수록 좋다. 과거에는 클래식 카를 '똥차' 취급했지만 지금은 확고한 취향을 가진 이들이 끄는 차로 생각한다. 부동산을 바라보는 시선도 비슷하게 바뀌고 있다. 이뿐만 아니라 오리지널리티가 있는 건물은 스토리텔링이 쉽다. 말하자면 단 하나밖에 없는 유산을 상속받는 셈이다.

로컬의 특징이 드러나는 경관이 있는 건물을 찾아라

카피되지 않는 경관을 갖는 것도 매우 중요하다. 바다가 내려다 보이는 절벽에 자리 잡은 건물은 바다까지 내 가게의 것이 된다. 우연히 발견한 건물이 산과 닿아 있는데, 그 산이 국가 소유라면 나는 무료로 산을 내 정원처럼 이용할 수 있다. 마음에 드는 한옥이 있는데, 바로 앞이 황톳길이고 강이 연결된다면 나는 산책로와 강까지 덤으로 얻게 되는 셈이다. 건물을 고를 때 독특한 자연경관을 끼고 있는 건물은 절대 놓치지 말아야 한다. 바다와 조경이 잘되어 있는 산, 강가의 산책길은 많은 사람들이 일부러 찾아가는 곳이기도 하다.

　핵심은 대체 불가능한 것을 찾는 거다. 과거에는 삼면이 도로에 붙어 있는 건물이 최고였다. 그런데 큰길에서 들어간 골목에 붙어 있더라도 바로 옆에 하천이 흐른다면 이제는 후자를 택할 것이다. 물론 사람을 큰길에서 골목 안쪽까지 불러올 자신이 있다는 전제하에.

대체 불가능한 콘텐츠를 찾아라

만약 내가 횟집을 하고 싶다고 치자. 오프라인으로 장사를 하기로 정했다면 로컬에 가서 건물을 보러 다닐 것이다. 우연히 비어 있는 건물을 하나 발견했는데 관리가 되지 않아 가치가 없어 보인다. 그런데 부동산 사장님 말씀을 들어보니, 1930년대에 지역에서 가장 유명했던 생선 가게 자리다. 그래서 조금 더 수소문해보니 그 가게를 운영하던 분의 손자가 살아 있음을 알았다. 손자를 만나 할아버지께 들은 그 시절의 이야기를 묻고 당시 사진을 간직하고 있는지 체크한다. 그리고 손자에게 부탁한다. 할아버지께서 만드신 모든 것을 내가 멋지게 이어보고 싶다고. 그렇게 횟집을 차리면 100년의 역사를 끌어올 수 있게 된다. 대를 이어 횟집을 하는 사람이 되는 거다. 이런 상황이라면 건물 임대료가 옆집에 비해 곱절이 들더라도 그곳에서 횟집을 내야 한다. 추가로 지불한 임대료는 마케팅 비용으로 생각하면 된다.

사정이 여의치 않다면 대안적인 방법을 찾아라

부동산을 구할 때는 임대할 수도 있고 매입할 수도 있지만, 가장 경제적인 것은 국가 부동산을 이용하는 것이다. 커뮤니티에 가입하거나 소셜 미디어 계정 등을 팔로우하면서 수시로 정보를 체크해야 한다. 국가에서는 국비로 많은 창업 시스템을 만들어 놨다. 로컬 크리에이터나 강한소상공인, 신창업사관학교 등에 지원해 뽑히면 자금을 지원받을 수 있다.

또한 로컬에 가면 3~6개월 정도는 테스트를 위해 사무실이 필요하다. 이때 국가에서 임대해 주는 공간에 들어가면 비용을 절약할 수 있다. 문화관광부 공모 사업, 중소벤처기업부 공모 사업, 행정안전부 공모 사업 등 정부 부처에서 진행하는 공모 사업이 많다. 관광, 요식업, 스타트업 등 관심 분야에 따라 기회가 많으니 양질의 정보를 절대 놓치지 말자.

부동산 구할 때 알고 있으면 좋은 정보

지역 사람들과 가깝게 지내면서 공개되지 않은 정보를 얻어라

과거 제주 서귀포 지역에는 부동산 정보가 공개되지 않았다. 매물 부동산을 실제로 찾을 수가 없었다. 그래서 정보를 쥐고 있는 이장님과 부녀회장님과 친해지려고 노력했다. 현지 어르신들에게 말을 걸기 위해 가방에 음료수와 담배를 가지고 다니면서 만날 때마다 권하기도 했다. 적어도 그 시간만큼은 나와 대화를 나눠주겠지 하는 마음에서. 그분들이 지역 부동산 정보를 가장 많이 가지고 계셨기 때문이다.

부동산마다 가격이 다를 수 있으니 발품을 팔라

서울이나 도시는 공인 중개사들이 모든 정보를 공유하고, 그들이 합의한 정해진 가격이 있다. 그런데 지역은 기준이 없다. 부르는 게 값인 경우가 많다. 같은 매물을 두고 이 부동산에서는 1억 원, 저 부동산에서는 1억 5000만 원을 부른다. 왜 가격이 다르냐고 따질 것 없다. 그냥 그게 그 지역의 룰이다. 표준 가격이 없는 곳에서 내게 유리한 정보를 획득하기 위해서는 발품을 팔아야한다. 모든 부동산을 다 돌아다녀라. 그리고 부동산 사장님과 친해져라. 명함을 건네며 내가 원하는 조건을 말씀드리고, 매물이나오면 연락을 달라고 얘기해 두고 연락이 오면 직접 내려가서매물을 체크해야 한다.

정보를 많이 가지고 있는 족장과 친해져라

로컬에 내려가 다양한 프로젝트를 진행 중인 족장은 많은 정보를 가지고 있다. 그들을 통해 정보를 얻는 것도 괜찮은 방법이다. 그 외에도 로컬 크리에이터나 먼저 터를 잡고 술집, 밥집, 편의점등 사업을 하고 있는 이들에게 내가 부동산을 구하고 있다는 것을 알리고, 괜찮은 집이 나오면 연락해 달라며 인맥을 활용해야한다.

자세는 바르게, 태도는 공손하게

이장님이나 부녀회장님, 부동산 사장님이나 족장, 로컬 크리에이터 등 타인에게 부탁할 때는 진지해야 한다. '되면 좋고 아니면말고' 같은 가벼운 자세나 껄렁껄렁한 태도로 사람을 대하면 안된다. 아는 척도 금물이다. '내가 해봐서 아는데', '내가 아는 누가뭐라고 하던데', '내가 알기로는' 같은 말이나 태도는 돕고 싶은마음도 사라지게 만든다. 어떻게 도움을 청하는 사람의 자세가 저럴 수 있겠냐고 묻겠지만, 70%가 넘는 사람들이 의외로 저러한 태도로 접근한다. 타인의 잘못은 잘 찾아내지만, 자기 자신을 객관적으로 바라보지 못하는 이들이 많다. 떠보는 듯한 말투도 삼가야 한다.

　나의 예산과 사업 아이템, 원하는 부동산의 조건 등의 정보를 솔직하게 털어놓고 필요한 정보를 구해야 한다. 지역에서는 말이 쉽게 돈다. 그래서 더더욱 태도가 중요하다. 지역에 자리를 잡게 되면 그들이 모두 나의 이웃이 된다는 것을 명심하자.

한 달에 얼마 벌고 싶어요?

대부분의 사람들이 목표 수익을 정하지 않고 막연히 돈을 많이 벌고 싶다는 욕심만 가지고 사업을 시작한다. 목표 수익을 정하면 자신의 비즈니스 기획이 제대로 된 건지, 수정이 필요한지 판단할 수 있다. 창업 컨설팅이나 강연, 개인 면담을 할 때마다 나는 "한 달에 얼마 벌고 싶으냐"라고 질문을 하는데, 제대로 답한 사람을 만나보지 못했다. 중요한 질문이니 반드시 스스로에게 묻고 목표 수익을 설정하자.

한 달에 벌고 싶은 수익이 정해지면 역으로 내 사업 계획이 바르게 설계된 것인지 계산할 수 있다. 기획한 아이템이 현실적인지, 선택한 부동산의 크기가 적당한지, 그리고 이 사업으로 행복해질 수 있는지까지 판단할 수 있다.

다음의 두 사례를 통해 알아보자.

갤러리 관장이 되고 싶은 대학생

대학원 수업에 초빙된 적이 있다. 학생들에게 과제로 창업을 위한 사업 계획서를 제출하라고 했고, 나는 실현 가능성을 평가하고 조언하는 역할을 했다. 지역에서 갤러리를 운영하고 싶다던 학생이 기억에 남는다. 사업 취지는 좋았다. 그 학생은 로컬에서 활동하는 뛰어난 작가가 많지만 서울에서처럼 전시 기회가 많지 않다는 점에 주목했다. 고객과의 접점이 없으니 유명한 작가가 되거나 작품을 판매할 루트가 없어 무명을 벗어날 수 없다는 것. 게다가 지역에는 갤러리 같은 문화 시설이 거의 없어 주민들이 문화생활을 누리지 못하는 현실도 꼬집었다. 학생은 갤러리를 지어 지역 주민에게는 문화적 향유를 제공하고, 로컬 작가들에게는 작품 판매 및 홍보의 기회를 제공하는 일종의 문화 플랫폼을 만들고 싶어 했다.

평소처럼 나는 그 학생에게도 질문했다. "한 달에 얼마 벌고 싶어요?", "일주일에 며칠 쉬고 싶어요?", "혹시 직원이 필요한가요?" 학생은 월 500만 원을 벌고 싶고, 갤러리는 주 6일 운영, 자신은 주 5일 근무를 하기 원했다. 최소 1.5명의 직원이 필요한 시스템이다.

역으로 계산하면서 현실적인 이야기를 들려줬다. 본인 월급 500만 원과 임대료·공과금·세금 등 지출 경비 500만 원, 최저 시급 기준 1.5인 인건비 300만 원을 벌려면 관람객이 몇 명이나 들어야 할까. 132제곱미터(40평) 규모의 갤러리로 가정하고 계산해 보자.

＊본인 수익을 500만 원으로 설정했을 때

1300만 원(본인 수입 500만 원 + 임대료 및 운영 경비 500만 원 + 인건비 300만 원) ÷ 25일(일요일 제외 1개월 영업일) = 52만 원 = 1일 수입

1일 52만 원의 수익을 올리려면 입장료 3000원일 경우 1일 방문객 173명, 입장료 5000원일 경우 1일 방문객 104명

그 학생의 바람대로 본인 수입이 월 500만 원이 되려면, 필요 경비를 최소로 잡았을 때 입장료가 3000원일 경우에 하루에 173명의 사람들이 와야 한다. 입장료가 5000원일 경우라도 매일 104명의 사람들이 오는 갤러리가 되어야 목표를 달성할 수 있다. 사실 1일 방문객이 100명을 넘어가면 관리 직원은 더 필요하고, 필요 경비도 늘어난다.

＊본인 수익을 0원으로 설정했을 때

800만 원(본인 수입 0원 + 경비 500만 원 + 인건비 300만 원) ÷ 25일 = 32만 원

1일 32만 원의 수익을 올리려면 입장료 3000원일 경우 1일 방문객 106명, 입장료 5000원일 경우 1일 방문객 64명

만약 본인 수입이 제로라고 해도 실제로는 64~106명 정도가 매일 유료 관람객으로 와야 갤러리 유지가 가능하다는 얘기다.

결과적으로 이 갤러리 프로젝트는 관람료를 제외하고 다른 비즈니스 모델이 필요하다. 그리고 추가되는 비즈니스 모델은 또다시 비용과 인건비 측면에서 영향을 주기 때문에 조건을 바꿔 가며 면밀히 검토해야 한다. 냉정하게 지역에서 갤러리를 운영하려면 입장료가 무료여도 관람객이 많지 않다. 하물며 지역의 무명 작가 작품은 거래되지 않을 가능성이 높다.

술집 창업을 꿈꾸는 직장인

직장에 다니는 청년이 직장을 그만두고 로컬에서 창업하고 싶다고 했다. 현재의 월급은 500만 원인데, 창업할 경우 한 달에 1000만 원을 벌고 싶단다. 창업 아이템은 술집이었다. 술집의 경우 테이블당 단가와 하루에 몇 팀 정도가 술집을 방문하는지가 매출의 키포인트다.

테이블 단가는 한 무리의 손님이 들어와서 테이블을 잡고 술을 마시고 나갈 때 결제한 금액을 말한다. 하루 매출이 100만 원인데 그날 방문한 팀의 숫자가 20팀이라면 테이블 단가는 평균 5만 원이 된다. 약간의 오차는 있지만, 술집에서 1000만 원 정도의 수익을 실현하기 위해서는 월평균 3500만 ~4000만 원 정도의 매출이 필요하다. (* 단, 품목·지역별로 차이가 있음) 일주일 중 월요일 하루만 쉰다는 전제 아래 한 달 평균 25일을 운영한다고 치자.

목표 매출 4000만 원÷25일(1개월 영업 일수) = 일 매출 160만 원

일 매출 160만 원 = 테이블 단가 5만 원 × 32팀

테이블 단가가 5만 원이라면 일평균 32팀이 가게를 방문해야 성립하는 비즈니스 모델이 된다. 유동 인구가 많고, 주변 가게에도 평균 32팀이 찾는다면 진행해도 된다. 하지만 유동 인구가 적거나 상권이 많이 활성화하지 않았다면 하루 평균 방문 팀의 숫자를 줄이고 테이블 단가를 높이는 방식으로 전략을 수정해야 한다. 테이블 단가를 5만 원으로 고정하고 싶다면 다른 지역에서도 찾아올 정도로 매력적인 아이템을 선보여야 한다.

다시 말해 테이블 단가, 하루 방문자 수, 아이템 사이에서 밸런스 조절이 필수다.

얼마를 버느냐는 곧 내 행복이 충족되는 금액

모든 것의 기준은 내가 행복해질 수 있는 금액이다. 나는 얼마를 벌어야 행복한 사람인지 똑바로 자신을 들여다보고, 금액을 정했다면 자신의 아이템을 위와 같은 방식으로 검증한 뒤 수정하고 보완해야 한다. 이 과정을 거치지 않는다면 성공할 가능성이 매우 낮다. 운이 좋아 장사가 잘된다 하더라도 더 잘될 수 있는 것을

준비가 부족해 그 정도에 머물게 된다는 것을 잊지 말자. 어려운 계산이 아니니 로컬에서 장사를 시작할 때 꼭 해보기를 바란다.

Tip. 내 월급은 통상적으로 매출의 25%

자영업의 경우 보통 매출의 25% 이하가 내 월급이 된다. 자신이 벌고 싶은 돈에 4~6배를 곱하면 달성해야 할 총 매출이 나오는 것. 월 500만 원을 벌고 싶다면 월 매출은 최소 2500만 원 이상이어야 한다. 하루도 쉬지 않고 30일 동안 매일 거의 100만 원의 매출을 올려야 가능한 금액이다. 일 매출 100만 원 이상 올릴 수 있는 아이템과 공간이 필요한 셈이다.

3

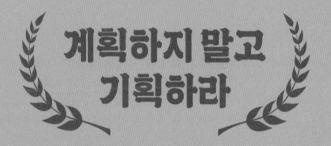

계획하지 말고
기획하라

계획하기보다 기획하라

정보가 많지 않고 사회 변화의 흐름이 빠르지 않던 시절에는 계획을 세우는 것이 중요했다. 하지만 이제는 세상이 어떻게 바뀔지 예측하는 일이 어려워졌다. 미래 예측이 어려우니 계획을 세우는 것도 쉽지 않다. 따라서 과거에는 일을 할 때 빈틈없는 계획이 중요했다면, 지금은 유연한 기획이 필요하다.

세상은 계획대로 흘러가지 않는다

개항로프로젝트는 장기 계획을 세우지 않는다. 1년 단위의 기획도 세우기 힘든 것이 현실이다. 대신 개항로프로젝트가 지향하는 슬로건을 만들고, 슬로건을 기준으로 필요할 때마다 기획하고 실천한다. 그러다 보면 일정한 흐름이 만들어지는데, 그 흐름 안에서 방향이 잘못된 기획이 있으면 수정하고, 잘된 것이 있으면 그 방향의 기획을 추가해 실천하면서 앞으로 나아간다. 그래서 개항로프로젝트에는 방향성이 있을 뿐 큰 계획이 존재하지 않는다.

하지만 대기업이나 공기업과 같은 전통적인 조직에 속했던 사람들은 일을 시작하기 전 반드시 계획을 세우려고 한다. 그리고 계획대로 일이 흘러가지 않으면 당황하고 고통받는다. 옆에서 그들을 지켜보면 계획 세우다 시간을 다 흘려보내는데, 함부로 조언하기도 어렵다. 모두들 지금까지 지켜온 자기만의 방식이 있기 때문이다. 계획을 세웠다 하더라도 세상은 그들의 예상대로 흘러가지 않는다. 계획은 변수를 통제할 수 있을 때 제대로 기능한다. 가까운 미래도 예측하기 어려운 세상이라면 계획 세우기에 대한 집착을 내려놓는 것이 옳다.

눈앞에 닥친 문제를 지혜롭게 극복하는 기획

로컬에서 사업을 할 때는 유연해야 한다. 가장 먼저 브랜드 슬로건을 만들고, 그에 맞는 기획을 만들어 실행하면서, 매일 벌어지는 수많은 변수에 대응하는 작은 기획을 만들고 실행하기를 반복해야 한다. 계획이 장기적으로 목표점에 도달하기 위해 각 시점마다 해야 할 일과 순서를 말한다면, 기획은 눈앞에 도래한 문제에 지혜롭게 대처하는 아이디어를 말한다. 기획이 산으로 가지 않으려면 새로운 기획을 세울 때의 기준이 될 슬로건을 잘 정해 두어야 한다. 개항로프로젝트에는 많은 일이 동시다발적으로 진행된다. 브랜드 슬로건, 즉 철학적 배경이 없다면 각각의 기획이 방향을 잃기 쉽다.

계획할 수 없는 시대의 계획의 오류

공들여 계획을 세우면 그 계획을 관철시키기 위해 노력한다. 계획한 대로 상황이 맞춰질 때의 쾌감에 대해서도 잘 알고 있다. 하지만 많은 사람들이 계획을 관철시키기 위해 잘못된 계획을 수정하지 않고 주변 상황을 수정하는 오류를 범한다. 그리고 계획대로 되지 않는다고 실망한다. 그들이 조직의 대표라면 함께 일하는 사람들이 피곤해질 것이다. 조직의 규모가 커 계획이 필요하다면, 계획을 세우고 필요한 시점마다 기획을 바꿔가며 유연하게 대처해 가야 한다.

청년들은 기성세대에 비해 이직이 쉽다. 조직에 속했다가도 마음에 안 들면 다른 좋은 조건을 찾아 옮겨 간다. 하지만 로컬에 내려가 창업을 한다면 전제가 달라진다. 그동안 모은 전 재산을 투자할 경우도 있고, 아는 사람이 하나도 없는 곳으로 삶의 터전을 옮기는 일이기도 하며, 반드시 성공해야 한다는 간절함으로 인해 욕심을 낼 수밖에 없다. 그러다 보면 계획적인 인간이 되어야 할 것 같은 착각을 하게 된다. 혼동하지 말자. 지금은 계획보다 기획이 중요한 시대다. 계획적인 사람이 아니라 때에 따라 유연한 기획을 세우고 실천할 수 있는 사람이 되어야 한다.

브랜드 슬로건을 만들라

나는 어떤 작업을 하든 완성됐을 때의 모습을 한 문장, 한 단락의 글, 혹은 한 장의 그림으로 만들고 일을 시작한다. 다시 말해 나의 슬로건은 하나의 문장이 될 수도, 한 단락의 글이 될 수도, 한 장의 그림이 될 수도 있다는 의미다. 완성된 슬로건에는 기획 의도와 철학이 포함된다. 그렇기에 슬로건을 만들면서 프로젝트의 목적과 방향 등이 보다 명확해지는 편이다.

모든 의사 결정의 기준이 될 슬로건

슬로건은 프로젝트를 진행하는 내내 세세한 작업들의 판단을 내리는 기준이 된다. 진행할 것인가 말 것인가 고민될 때 슬로건에서 벗어나지 않는지 확인해 결정하면 되고, 프로젝트가 제대로 진행되고 있는지 체크할 때도 기준이 된다.

　프로젝트를 진행하다 보면 많은 말을 듣게 된다. 남의 말을 받아들일 것인지 참고만 하면 되는 건지 판단할 때도, 저 사람의 말이 내게 도움이 되는 얘기인지 아닌지 판단할 때도 모두 슬로건을 기준으로 삼으면 된다.

　부드럽고 편하게 들린다고 해서 좋은 말이 아니고, 거칠고 차갑고 날카롭게 들린다고 해서 모두 나쁜 말은 아니다. 평온한 상태에서는 말 속에 담긴 의도를 파악할 수 있지만, 오픈을 준비하며 혼돈스러울 때는 말에 담긴 의미를 알아채기 어려워 표현에만 집착하게 된다. 그럴 때도 슬로건이 중심을 잡아줄 것이다.

슬로건은 시작 단계부터 고민할 것

사람마다 차이가 있지만, 나는 슬로건이 정해지지 않으면 일을 시작하기 어렵다. 의사 결정의 기준이 없기 때문에 무슨 일을 해도 흐지부지되기 때문이다. 물론 슬로건을 정하는 데는 시간이 오래 걸린다. 따라서 정보를 수집하고 지역을 탐색하는 과정부터 슬로건을 고민해 보는 것이 좋다.

　경험이 없어 슬로건을 만드는 것이 익숙하지 않다면 기업 슬로건을 벤치마킹하자. 레고의 슬로건은 '플레이'고, 볼보의 슬로건은 '세이프'다. 샤넬은 '판타지 셰어링', 애플은 '생각을 다르게 하라'다. 슬로건을 만들 때는 멋 부릴 필요 없이 솔직하고 담백하게 정하는 게 좋다. 레고나 벤츠처럼 한 단어로 정의할 수 있어도 좋고, 문장이나 문단으로 정리돼도 괜찮다.

　당연히 슬로건은 대표가 만들어야 한다. 대행 업체에서 만들어준 문구가 제아무리 멋져도 대표의 철학과 의지가 담기지 않으면 가치가 없다.

나의 철학이자 운영 방침이 되는 슬로건

슬로건은 어떤 프로젝트를 수행함에 있어 나의 철학이자 운영 방침이다. 일은 혼자 하는 것이 아니라 협업이 필요하다. 지시, 부탁, 명령할 때 일관성 있는 태도를 보여야 협업자들이 혼란스럽지 않다. 협업을 할 때도 슬로건을 의사 결정의 기준으로 삼아 협업자들을 설득할 근거가 된다. 따라서 모든 기획은 슬로건으로부터 시작해 확장해 가야 한다. 기준이 없다면 나뿐만 아니라 팀원들 역시도 방향이 흔들릴 때 바로잡을 근거가 없다.

개항로프로젝트의 브랜드 슬로건은 '올드 앤드 뉴 OLD and NEW'

개항로에는 오래된 것과 새것이 섞여 있다. 어르신들이 운영하는 노포가 있고, 청년 상인이 운영하는 점포도 있다. 오랫동안 터를 지켜온 사람이 있고, 새롭게 유입된 사람이 있다. 개항로프로젝트는 그곳에서 오래된 것과 새로운 것을 섞어 협업하고, 보존하고, 가치를 만들어간다. 새로 유입된 사람들에게 개항로의 강점을 알려주고, 오래된 노포를 운영하는 어르신들께는 시너지를 낼 수 있는 협업을 안내한다. 그래서 개항로프로젝트의 슬로건은 '올드 앤드 뉴'로 정했다. 점포를 오픈하고 운영하는 것은 물론이고 개항로에서 진행하는 모든 이벤트는 이 슬로건을 토대로 기획한다.

토리코티지 브랜드 슬로건은 '모어 댄 스테이 MORE THAN STAY'

궁극적으로 숙소는 잠을 자는 곳이다. 나는 제주도 독채 펜션을 기획하면서 잠자는 곳 이상의 경험을 주고 싶었다. 외국 대통령이나 총리, 기업 총수들은 휴가를 보낼 때 와이너리나 섬 같은 곳에서 보름씩 쉬다가 온다는 얘기가 기사화하던 시점이었다. 대한민국의 관광 역시 외국처럼 될 거라고 생각했다. 숙소에만 머무르며 동네 산책을 하는 것만으로도 충분히 휴식을 느낄 수 있도록 해주고 싶었다. 그래서 머무르는 것 이상의 무언가를 찾기 위해 토리코티지의 슬로건은 '모어 댄 스테이'로 정했다.

당시에 흔하지 않던 원목 수제 가구를 들이고, 공간마다 각기 다른 조명을 설치해 새로운 빛을 경험하게 했으며, 제주도에서만 만끽할 수 있는 지역의 풍경을 프레임에 담아 실내로 끌어들이기도 했다. 7개의 토리코티지는 각기 다른 콘셉트로 지어졌지만, '모어 댄 스테이'라는 슬로건을 벗어나지 않았다.

개인에게도 슬로건이 필요하다

개인적인 얘기지만, 사십 대 중반이 되기까지 내 좌우명은 세 번 바뀌었다.

스무 살 때의 좌우명은 '사람다운 사람 냄새'였다. 대학에 입학했는데 한 선배가 좌우명을 쓰고 있는 것이 멋있어 보여 나도 따라 지었다. 책을 좋아해 많이 읽는 편인데 그때부터 내가 읽는 모든 책 안쪽에 좌우명을 적었다. 책을 읽으며 다짐하는 거다. 때문에 내 책은 모두 일기장 같다.

두 번째 좌우명은 '활기찬 진심'이었다. 서울 역삼동에서 회사를 운영하며 전략 경영 업무를 할 때였다. 당시 나는 최강의 전투력을 지닌 '팩폭러'였다. 활기차게 진심으로 굴었더니 주변 사람들이 많이 힘들어했다. 당시 나는 모든 사람은 변할 수 있다고 믿었고, 변하지 않는 이유는 노력이 부족해서라고 여겼었다.

요즘 나의 좌우명은 '애자열무(애를 쓰지만 자연스럽고 열정적이지만 무리 없게 하자)'다. 활기찬 진심 시절 누구보다 열정적이었지만 누구보다 사람들을 힘들게 했기에 반성을 많이 했다. 모든 사람이 바뀔 필요는 없다는 생각이 들었고, 이후 '애자열무'의 정신으로 살아가자고 마음을 바꿔 먹었다. 지금도 그렇게 노력하며 살고 있다.

마음껏 취향을 반영하라

로컬에 온 사람들은 크게 두 부류로 나뉜다. 라이프스타일을 실현할 수 있는 방법을 찾아온 경우와 지역 자원을 활용해 사업할 생각으로 온 사람. 순서가 바뀌어 라이프스타일을 실현하러 왔는데 지역 자원을 발견해 연계된 사업을 하기도 하고, 지역 자원을 활용한 사업을 하러 왔는데 그 지역의 라이프스타일이 잘 맞아 삶의 만족감이 높아지는 경우도 있다.

그런데 의외로 많은 사람들이 '나는 강릉에 살고 싶어', '나는 제주도에 살고 싶어'처럼 뚜렷한 이유 없이 '한번 살아보고 싶어서' 로컬로 간다. 그렇게 '무작정 이 지역이 좋아서 왔다'는 사람과 대화를 하다 보면 그 지역의 특정 부분을 좋아해서 왔다는 것을 발견한다. 좋아하는 것이 날씨일 수도 있고, 산이나 바다 같은 자연일 수도 있으며, 동물과 함께 산책할 수 있는 환경일 수도 있다. '좋아서'라는 말 앞에는 '라이프스타일을 실현하기'라는 말이 생략되어 있는 셈이다.

취향껏 하고 싶은 일을 하라

기획에서 취향은 자기가 하고 싶은 것을 하라는 의미이기도 하다. 요즘 세대는 여러 개의 취향을 가지고 있다. 40대 중반인 내 또래들은 라디오와 TV 음악 방송을 통해 노래를 들었고, 마니악한 몇몇 친구들은 청계천에서 일본 음악 백판을 찾아 들었다. 영화도 마찬가지다. 영화관과 비디오방, TV에서 방영하는 특선 영화가 전부였다. 온라인에 접속하면 전 세계 음악을 듣고 영화를 볼 수 있는 지금과 달리 선택권이 없었다. 내 아버지 세대는 그보다도 더 적은 정보 속에 살았다. 경험이 부족했고, 그래서 취향이라고 할 만한 게 없다.

MZ 세대는 다르다. 많은 정보 속에서 다양한 경험을 했고, 분명한 취향도 가지고 있다. 취향이 분명하다는 것은 삶이 풍요롭다는 것을 의미한다. 비즈니스도 마찬가지다. 나와 취향이 비슷한 사람 3%만 있어도 비즈니스로 연계할 경우 먹고사는 데 지장이 없다. 그러니 기획을 할 때 '사람들이 좋아할까'에 집착하지 말고, 자신이 하고 싶고 잘하는 것을 하면 좋겠다. 내가 사업을 통해 취향을 드러내면 주파수가 맞는 이들이 다양한 루트를 통해 분명 당신 곁으로 다가올 것이다.

매력적인 라이프스타일 비즈니스

나는 사업을 할 때 자신의 라이프스타일을 드러내는 사람들을 좋아한다. 취향이 있어야 무언가를 죽도록 좋아하고, 탐구해야 덕질이 시작되고, 지독하게 덕질을 해봐야 라이프스타일로 표출된다고 생각하기 때문이다. 일반적으로 라이프스타일은 행동이나 삶의 방식으로 번역되는데, 나는 간단하게 '덕질'이라고 표현한다. 앞서 말했듯 과거에는 덕질로 먹고살지 못했지만, 지금은 충분히 먹고살 수 있는 시대가 됐다. 자기 자신이 브랜드가 되고 미디어가 되는 세상이다. 취향을 드러내는 일에 조금 더 적극적이길 바란다.

토리코티지 × 크리스토프 초이

대한민국에서 여성은 약자다. 여성들이 행복해지길 기대하며 여성을 위한 공간을 만들고 싶었다. 여성들이 언제 행복감을 느낄까. 많은 여성들과 인터뷰를 했고, 그중에는 웨딩드레스 디자이너 크리스토프 초이도 있었다. "당신은 왜 웨딩드레스를 만드냐?"고 물으니 "드레스를 입고 환하게 웃는 모습이 좋아서"라고 답했다. 그렇다면 머무는 동안 환하게 웃을 수 있도록 '여성이 공간을 입는다'라는 콘셉트로 집을 꾸밀 수 있을까. 크리스토프 초이에게 협업을 제안했다.

직업상 다양한 계층의 여성을 만나지만 공간에 대한 얘기를 나눠보지 않았던 크리스토프 초이는 여성들이 꿈꾸는 공간이 궁금했고, 만나는 사람에게마다 "어떤 집에 살고 싶으

냐?"물었다. 나이와 직업에 상관없이 여성이 꿈꾸는 공간의
형태는 비슷했다. 넓은 마당이 있고, 큰 창으로 햇살이 들어오
며, 커다란 식탁에 둘러앉아 이야기를 나눌 수 있는 집. 그것을
실현하기로 했다.

토리코티지×크리스토프 초이는 귤밭 한가운데에 지었다.
그래서 봄이면 꽃향기가 가득하다. 꽃을 모티프로 작업하는
크리스토프 초이의 디자인과도 잘 어울린다. 건물은 삼각형으
로 지었다. 층고가 4m에 이르는 실내에는 침실 2개와 긴 회랑,
거실, 다이닝 공간을 마련했다. 내부는 로맨틱 클래식 스타일
의 가구와 인테리어로 꾸몄고, 크리스토프 초이의 웨딩 컬렉
션 갤러리도 만들었다. 그리고 루프 톱에는 제주만의 경관을
감상하며 휴식을 취하기 좋은 노천 스파를 설치했다. 외부에
는 중국의 오래된 고택을 철거할 때 나왔다는 고벽돌을 쌓아
클래식한 분위기를 더했다.

크리스토프 초이의 로맨틱한 감성을 입혀 여자들의 판타지
를 공간으로 구현했지만, 막상 공간에 들어서면 편안한 느낌
은 없다. 웨딩드레스는 아름답지만 편한 옷이 아니듯 공간 역
시 아름답지만 불편하도록 의도적으로 설계했다. 집을 짓기
위해 회의를 할 때도 "닷새를 머물고도 더 살고 싶으면 이 프
로젝트는 실패"라고 얘기했을 정도다.

세상을 구하려 하지 말고
좋아하고 잘하는 일을 하라

가끔 사업을 하는 게 아니라 세상을 구하겠다는 히어로 스타일의 사람들을 만난다. 그들 중 대다수는 기성세대로, 자신이 남들보다 문화적으로 높은 수준을 향유하고 있다고 믿는 일이 많다. 그럴 경우의 문제는 이들이 사람들을 계몽의 대상으로 바라본다는 점이다. 실제로 겪어보면 요즘 MZ 세대가 내 또래의 기성세대에 비해 더 스마트하다. 분명한 취향이 있고, 국제적인 감각도 뛰어나다. 그러니 자신을 계몽의 대상으로 바라보는 꼰대와는 그다지 가까이하고 싶지 않을 것이다.

사람들을 계몽의 대상으로 보고 세상을 구하겠다는 마인드로 사업을 시작하면 안 된다. BTS는 대한민국 국격을 높이기 위해 음악을 하는 것이 아니다. 자기 분야에서 열심히 하다 보니 빌보드 차트 정상에 섰고, 그들의 성장 스토리가 사람들을 감동시켰으며, 자신들이 가진 영향력으로 세상을 바꾸는 일에 일조하고 있을 뿐이다. 세상을 바꾸겠다는 목표로 사업을 하지 말고 내가 열심히 일했을 때 세상이 바뀌어 있는 것이 좋다.

사리사욕을 채우기보다 본질에 충실하라

제주도는 치즈를 만들기 어려운 환경이다. 토리코티지를 운영하며 제주에 머물던 시절, "제주 치즈를 만들었다"고 하는 분이 찾아온 적이 있다. 그는 서울에 살다 제주에 정착했다고 했다. 그리고 자신이 얼마나 어려운 환경에서 치즈를 만들고 있는지 설명했다. 고되고 어려운 과정이었지만 좋은 재료로 치즈를 만들기 위해 고군분투하는 그는 자신의 노력으로 제주도가 변할 수 있다고 생각한다고 덧붙였다.

그런데 치즈 맛은 전혀 특별하지 않았다. 좋은 재료로 어려운 환경에서 '평범한 치즈'를 만드는 것은 누구나 할 수 있는 일이다. 그가 내게 제주 치즈에 대해 장황하게 설명하는 내용의 본질에는 "나는 제주도를 바꾸고 있다", "나는 제주도에서 새로운 문화를 만들어가는 사람이다"라는 주장이 담겨 있다. '세상을 구원하는 나'에 취해 본질이 흐려진 케이스가 아닐까.

만약 그가 내게 치즈 만드는 이야기만 했다면 나는 그가 자기만의 치즈 맛을 찾아가는 과정에 있을 거라고 생각했을 것이다. 하지만 그는 치즈의 부족한 점을 자신이 제주도에서 사회적인 활동을 하고 있다는 부분으로 메우려고 했다. 그렇다면 그는 치즈를 취미로 만들어야지 사업으로 확장하면 안 된다. 세상에는 치즈 하나만을 위해서 최선을 다하는 사람들이 많다. 그런 사람이 치즈 사업을 해야 성공에 가까워질 수 있다.

좋아하는 일을 잘 해내는 것이 중요하다

치즈 아저씨는 로컬에서 자주 만나는 유형 중 하나다. 자신의 취향보다는 확고한 신념으로 세상을 바꾸려는 사람들. 굳이 자신이 세상을 바꾸려고 어떤 일에 뛰어들지 않아도 자신이 이타적인 성향의 사람이라면 천천히 세상을 바꾸는 방향으로 움직이게 될 것이다. 그러니 일단 자신이 좋아하고 잘하는 일을 잘 해내면 된다. 그러다 보면 의도하지 않아도 원하는 방향으로 가게 될 것이다. 절대 주객이 전도되면 안 된다.

기부하듯 물건 사는 시대는 갔다

MZ 세대를 중심으로 젊은 세대들은 더 이상 사회적인 일과 자신의 일을 분리해서 생각하지 않는 경향이 있다. 그들은 어린 시절 학교에서 환경, 인권, 정치, 경제, 사회에 대해서 비교적 다른 세대보다 투명하고 공정하게 교육을 받은 세대이다. 아이폰, 프라이탁, 파타고니아, 테슬라를 직접 사용하고 동경하며 꿈을 꾸는 세대이기도 하다. 또한 앞서 언급한 기업의 창업주를 멘토라고 여기는 세대이기도 하다. 그들은 수십만 원을 지불하고 트럭 호루와 폐안전벨트로 만든 프라이탁 가방은 구매해도, 사회적 이슈만 내세운 업사이클링 가방은 구매하지 않는다. '좋은 일에 쓰인다'는 이유로 기부하듯 물건을 구매하는 시대는 지났다. MZ 세대나 그와 비슷한 라이프스타일을 가진 기성세대에게 세상을 구하는 게 목적인 사업은 전혀 매력적이지 못하다.

PMMH(Plants Make Me Happy) 프로젝트 – 식물 기르기 아이디어 빌드업 과정

나는 생각과 행동의 간극이 굉장히 짧다. 오래 생각하기보다 깊게 생각하고 빠르게 결정한다. 그리고 결정과 동시에 실행한다. 여러 크루에 포함돼 있다 보니 한꺼번에 여러 가지 일을 속도감 있게 처리해야 하는데, 그러다 보면 내가 무엇을 하는 사람인지 혼동스러울 때가 있다. 나의 결정이 많은 사람의 미래를 바꿀 수 있기에 바르게 생각하고, 여러 가지 요소를 검토해 신속하고 신중하게 결정해야 한다. 그러다 스트레스가 극에 달하는 시기가 왔다.

좋아서 하는 일, 식집사

우연히 식물을 기르게 됐다. 내가 아무리 노력해도 식물은 빨리 자라지 않았고, 오랫동안 지켜온 자연의 속도를 따랐다. 당연한 사실인데 이상하게 위로가 됐다. 식물을 기를 때 사람이 느끼는 감정이 반려동물을 키울 때와 같다는 말이 있는데, 씨앗을 뚫고 뿌리를 내리거나 흙을 헤치고 새싹이 날 때, 꽃망울을 틔울 때마다 감동을 받았다. 식물에 관심이 생기기 시작하면서 관련 자료를 정말 많이 찾아봤다. 덕후 특기를 살려 식물 덕질을 시작한 것이다. 삽시간에 식물이 200~300개로 늘었고, 집은 정글이 됐다.

당시 내가 가장 애정을 쏟아 지켜보던 대상은 식물과 개항로에서 노포를 운영하는 어르신들이었다. 코로나19가 한창이었고, 개항로에도 사람이 부쩍 줄어 모두 힘든 나날을 보내고 있었다. 내가 식물에게 받은 위로를 어르신들께도 나눠드리고 싶었다. 그래서 할머니와 할아버지 10명을 뽑아 내가 기르던 식물을 나눠드렸다.

재미있고 유익한 프로젝트

어르신들께 나눠드린 화분은 깻잎이나 상추가 아니었다. 개당 30만~40만 원에 거래돼 식테크의 대상이 되는 식물들이었다. 식물을 나눠드리고 일주일에 한 번씩 어르신들을 만나 식물이 삶에 들어온 이후의 일상에 대한 인터뷰를 했다. 어르신들과 나누는 대화도 좋고 식물 얘기도 좋지만, 이것을 어떻게 활용해야 할지 결정하지는 못했다. 그냥 좋아서 했던 일이다.

식물의 반대편에 있는 것이 무엇일지 생각했고, 그래피티가 떠올랐다. 식물은 연속성이 있지만, 벽 위에 그려진 식물 그림은 다른 그림으로 순식간에 덮어버리면 사라진다. 검색해 보니 식물을 주제로 한 그래피티는 보이지 않았다. 인터넷으로 그래피티팀을 찾아 콘택트했고, 크루로 합류했다. 그리고 어르신께 나눠드린 식물 10종을 그래피티로 그렸다. 완성된 식물 그래피티는 포스터로 제작했고, 기르는 식물을 들고 있는 어르신들의 사진도 촬영했다. 그리고 두 가지를 함께 개항로에서 전시했다. 많은 사람들이 이 전시에 관심을 가졌고, 대형 미술관으로부터 전시를 제안받았다.

이것이 내가 일하는 방식이다. 좋아하는 일을 하되 열심히 한다. 그리고 주변에 있는 자원을 조합해 새로운 것을 만들어낸다.

자원을 연결해 새로운 것을 만들라

PMMH 프로젝트의 다음 단계는 사업 확장과 시스템화다. 식물을 번식시켜 작은 화분으로 만들어 판매할 계획이다. 식물과 식물을 들고 있는 어르신 사진, 그래피티 포스터, 인터뷰 내용으로 구성한 책이 하나의 패키지가 될 것이다. 수익은 어르신들께 드릴 예정이다. 식물을 기르는 것이 수익으로 연결되면 어르신들은 더욱 진심을 다해 정성스럽게 실물을 돌보게 될 것이다.

개항로프로젝트에 공간을 마련해 식물과 사진, 포스터를 전시해도 좋고, 온라인 판매를 해도 괜찮을 것 같다. 만약 인천시청이나 구청에서 어르신들의 화분을 구입한다면, 여느 지역에서 흉내 낼 수 없는 마케팅 포인트가 생기는 셈이니 개항로프로젝트와 윈윈하게 될 것이다.

우리는 식물을 판매하지만, 구매하는 사람은 식물과 함께 어르신의 이야기가 담긴 책과 사진, 포스터가 더해져 식물 이상의 개념을 사게 된다. 지금은 10명의 어르신이 또이또이 프로젝트에 참여해 식물을 길렀지만, 대형 미술관에 전시되고 매장이 생긴다면 훨씬 많은 어르신이 일거리를 찾고 삶의 행복도 찾게 될 것이라 믿는다.

Plants Make Me Happy

Pastazanum

Plants Make Me Happy

Florida Beauty Variegata

Plants Make Me Happy

Aglaonema Pictum Tricolor

Plants Make Me Happy

Plowmanii Black Face

서울을 따라 하지 않는다

로컬에서 공간을 중심으로 창업할 때 지켜야 할 첫 번째 원칙은 '서울을 따라 하지 않는다'는 것이다. 만약 서울에 있는 콘텐츠를 그대로 따라 한다면 굳이 서울에 있는 사람들이 로컬에 내려와 콘텐츠를 소비할 이유가 없다.

롯데리아 햄버거가 먹고 싶다면 가장 가까운 롯데리아 매장으로 갈 것이다. 코카콜라가 마시고 싶은데 다른 도시의 편의점에 가서 코카콜라를 구매하는 사람은 없을 것이다. 품질, 가격, 디자인 등 모든 것이 같기 때문이다. 대한민국의 상품은 대부분 품질이나 디자인이 모두 일정 수준을 넘어섰다. 만약 로컬에서 기획한 공간이나 상품이 서울에 있는 콘텐츠를 따라 한 것이라면 그것을 소비하도록 사람들을 이동하게 만들지 못할 것이다.

서울에서 경험할 수 없는 것을 기획하라

일본 여행의 인기 테마 중 하나는 료칸이다. 대한민국 사람들이 왜 일본까지 가서 목욕을 즐길까. 대한민국 수질이 나빠서일까,

일본 온천수로 목욕을 하면 피부가 드라마틱하게 좋아지기 때문일까. 본질은 수질이 아니다. 오랜 시간 쌓아온 일본 료칸의 분위기와 주인장의 태도, 특별한 음식 차림 등 그곳에서만 느끼고 경험할 수 있는 무언가가 있기 때문이다. 마찬가지로 로컬에서 창업을 한다면 서울에서는 경험할 수 없는 지역의 특성을 반영해 공간과 상품을 기획하는 것이 중요하다.

서울과 수도권 인구를 유혹할 콘텐츠를 기획하라

욕심이 앞서면 유혹에 빠지기 쉽다. 잘 운영되는 공간을 카피하는 것은 쉽고도 빠른 길처럼 보인다. 인스타그램, 구글, 핀터레스트 등 온라인에는 잘 만들어진 공간의 이미지와 더불어 실제로 사람들이 좋아서 소비했던 공간의 특징까지 잘 정리되어 있다. 하지만 그 공간을 카피하는 것은 트렌드를 따르는 것도 아니고 안목이 있는 것도 아니다.

서울과 수도권 인구는 2500만 명에 달한다. 대한민국 인구의 절반이 수도권에 살고 있는 셈이다. 대한민국 어느 로컬에서 사업을 하든 그들이 움직여야 돈을 벌 수 있다. 서울에 있는 것을 따라해서는 성공할 가능성이 매우 낮다. 롯데리아 햄버거를 먹기 위해 로컬로 여행을 떠나는 사람이 없다는 것을 명심하길 바란다.

카피되지 않게 하라

2023년 상반기는 '챗지피티' 관련 뉴스가 유난히 많았다. 많은 크리에이터, 그중에서도 창작에 많은 시간과 정성을 들이는 일러스트레이터의 시대가 끝나게 될 것이라는 의견이 많았다. AI는 명령어 몇 개면 몇 초 안에 그림을 그려냈고, 만족스러운 그림을 그릴 때까지 명령어를 추가로 입력하면 개선된 작화가 나왔다. 보완해야 할 부분이 있지만, AI가 그린 그림의 수준은 놀라울 정도였다. (물론 기존 작가들의 작품으로 AI를 교육시켰으니 저작권이나 기타 해결해야 할 법적 문제가 남아 있지만 AI 일러스터는 점점 보편화할 것이다.) 뉴스를 보면서 시대가 완전히 바뀌었다는 걸 절감했다. 이제는 카피를 넘어 기계가 창작을 하는 시대다. SF 영화를 보면서 자란 나는 언제쯤 영화 속 상상력이 현실에 재현될 것인가 궁금했는데, 지금 내가 그 시대를 살고 있는 것이다.

영화 〈매트릭스〉에는 주인공 트리니티가 위기를 모면하기 위해 달려가 헬리콥터 조종석에 앉는 장면이 있다. 트리니티는 헬리콥터 조종법을 모른다. 하지만 데이터로 조종법을 전송받자 원래 알고 있었던 것처럼 능숙하게 헬리콥터를 다루기 시작한다. 관련 지식이 전혀 없고 훈련을 받은 적이 없음에도 몇 초 만에 헬기 조종법을 익힌 것이다. 실제로 인간이 헬리콥터를 조종하려면 적어도 몇 년의 시간이 걸린다. AI 일러스트레이터를 보면서 머지않아 〈매트릭스〉 세계가 실제로 구현되는 시대가 오지 않을까 생각했다. 동시에 두려움도 생겼다. 점점 카피하기 쉬운 시대로 진입하고 있기 때문이다.

카피하지도 카피되지도 말 것

카피가 쉬워지면 가장 장사가 잘되는 지역은 인구가 가장 많은 서울이다. 로컬에서는 서울을 카피해 로컬에 재현하면 망하기 쉽지만, 서울은 로컬을 카피해 서울에 재현해도 무리 없이 장사할 수 있다. 인구가 많기 때문이다. 인구가 많고 수요가 공급보다 높은 곳에서는 새로운 아이템을 개발해 홍보하기보다 성공한 아이템을 벤치마킹해 빠르게 카피하고 빠르게 상품을 출시하는 것이 성공 확률이 높다. 그러나 서울과 대척점에 있는 로컬은 서울을 카피하면 안 된다. 인구가 적기 때문에 그 상품이나 공간, 서비스를 즐기러 이웃 도시에서 찾아와야 하는데, 유니크한 아이템이 아니라면 굳이 지역에 올 필요가 없는 것이다.

동시에 카피되지도 말아야 한다. 카피되는 순간 소비자는 이용이 편한 도시로 가버린다. 좋은 아이디어로 좋은 아이템을 만들었다고 하더라도 카피되어 다른 도시에 비슷한 아이템으로 사업하는 공간이 생긴다면 내 공간은 더 이상 비전이 없다.

로컬에서 사업을 하면서 카피되지 않기 위기 위해서는 고유의 서사를 만들거나 오랜 시간 축적된 역사·문화적 요소를 찾아내기, 혹은 사람과의 절묘한 협업을 통해 새로운 것을 만들어내는 전략을 펼쳐야 한다.

상향 평준화 시대, 서사에 주목하라

휴대폰을 구입할 때 배터리 성능과 통화 품질을 기준으로 삼는 사람은 없다. 어떤 것을 구매해도 일정 수준 이상을 보여주기 때문에 같은 가격이면 디자인과 컬러를 선택하는 데 더 많은 시간을 쓴다. 티셔츠를 구매할 때도 물이 빠지는 것을 걱정하지 않고, 외투를 구매할 때도 바느질을 꼼꼼하게 살피지 않아도 된다. 거리에 있는 식당에서 판매하는 음식은 대부분 평균 이상의 맛을 낸다. K-냉동 김밥이 미국에서 건강한 식품으로 인기를 끌고 있는 중이고, 대한민국 레토르트 식품은 공장에서 만든 식품이라는 경계를 넘어선 지 오래다.

어떤 선택을 해도 평균 이상의 퍼포먼스를 내 부작용이 없는 시대, 상향 평준화는 지금의 대한민국을 관통하는 단어 중 하나다.

상향 평준화 시대 이후 주목해야 할 것

미국 심리학자이자 철학자인 에이브러햄 매슬로는 인간의 행동은 기본적 욕구에 따라 동기화된다고 주장했다. 인간의 욕구는 5단계로 나눌 수 있는데, 낮은 단계의 욕구가 충족되면 다음 단계의 욕구가 생긴다는 것이다. 그의 주장대로라면 대한민국은 그 욕구가 충분히 충족된 듯하다.

지금 대한민국에서 생산되는 물건은 모두 품질이 좋고, 미학적으로도 뛰어나다. 음식도 대체로 맛있는 편이다. 전체적인 사회의 수준이 한 단계 올라간 느낌이다. 그렇다면 상향 평준화의 시대 이후에 무엇을 주목해야 할까. 그다음 가치가 무엇이 될지는 우리보다 먼저 발전을 이룬 유럽의 국가를 보면 힌트를 얻을 수 있다. 그들은 전통, 헤리티지 브랜드, 명품, 장인 정신 등을 주목한다. 물론 내가 가진 것이 하루아침에 전통이 되거나 헤리티지가 생기거나 명품이 될 리 만무하다. 하지만 상향 평준화 시대에 창업을 한다면 내가 할 수 있는 일은 탄탄하게 서사를 만드는 일이다.

개항로맥주를 만들 때 지역 장인과 협업해 서사를 만들어냈듯이 지역의 역사나 전통성을 통해 서사를 만들어내는 것이 가장 좋다. 역사나 지역성 위에 서사를 더하면 절대 카피되지 않는다. 물론 어렵고 힘든 작업이다. 서사를 만드는 작업이 처음이라 어떻게 해야 할지 모르겠다면 자기 자신으로 서사를 만들어도 된다. 내가 가장 잘 아는 나 자신의 서사를 만드는 것이 가장 쉬운 방법이다.

왜 자연인은 시간이 지나도 재미있을까

서사를 만드는 것이 중요하다는 것은 알겠는데 너무 어렵다는 청년들이 많다. 그들과 함께 고민하다가 문득 왜 우리는 몇 년째 TV 프로그램 〈나는 자연인이다〉를 보는지 궁금했다. 자연인 스토리는 비슷비슷하다. '속세에서 실패나 실망을 경험하고 좌절해 산속에 들어가 사는 사람'. 디테일에는 차이가 있지만 메인 서사는 거의 비슷하다. 그럼에도 불구하고 매번 새로운 자연인이 등장하고, 시청률도 나쁘지 않다. 이유가 뭘까. 에피소드마다 개인의 서사가 녹아 있기 때문이다.

큰 줄기만 보면 같은 이야기를 반복하는 것 같은데, 개인 고유의 서사가 더해지면서 매력을 만들어내는 것이다. 장수 버라이어티 쇼에서 같은 도전을 반복하는 것이 지루하게 느껴질 법도 한데 게스트가 바뀌고 상황을 변주해 매회 다른 그림을 만들어내는 것과 같은 효과다. 그리고 사람들은 남의 성공담보다 실패담에 더 귀를 쫑긋 세우게 돼 있다.

대박 분식집의 킥은 서사에 있었다

내가 생각하는 서사란 진실성에 기반한 스토리로, 공감을 이끌어낼 수 있어야 한다. 이는 소비자로 하여금 제품을 제품 이상의 것으로 바라보게 만드는 힘이 있다. 소비자 스스로 제품의 스토리를 이해하기 위해 적극적으로 노력하게 만들며, 공감대를 형성한 소비자끼리 팬덤을 형성하기도 한다.

남편이 보증을 잘못 서서 쫄딱 망한 집이 있다. 화병이 나 드러누운 남편을 대신해 한 번도 장사를 해본 적이 없는 주부가 생업 전선에 뛰어들었다. 별다른 준비 없이 차린 가게는 망했다. 하지만 실망하지 않고 다시 가게를 차렸고 또 실패했다. 마지막 기회라 생각하고 분식집을 차렸다. 이번에는 친정엄마가 만들어준 장아찌로 김밥을 개발했는데 대박이 났다. 그 김밥이 범접할 수 없이 깊은 맛을 냈기 때문일까? 그럴 수도 있지만 아닐 가능성이 높다. 맛있는 김밥은 세상에 널렸다. 대박의 비밀은 평범한 김밥에 '친정엄마의 장아찌로 만든 김밥'이라는 서사가 더해져 특별해졌기 때문이다. 〈앗! 세상에 이런 일이〉에 자주 등장하는 스토리다.

흔한 아이템인 로컬 서점에 특별한 서사를 더하는 법

로컬에서 서점을 하고 싶다는 친구와 상담을 한 적이 있다. 책 중심으로 사람들과 토론하는 프로그램을 운영하는 서점을 만들고 싶다고 했다. 그 친구의 진짜 마음이 무엇인지 궁금해 계속 캐물으니, 개인사에서 답을 얻을 수 있었다. 굉장히 불우한 가정에서 자랐는데, 어떤 책을 읽고 그 우울과 불안에서 빠져나왔다는 것이다. 그 경험이 너무 좋아서 책에 대한 것을 사람들과 나누고 싶다고 했다.

내 솔루션은 간단했다. 지금 내게 말한 내용을 공개하라고 했다. 그래야 그 친구가 운영하는 프로그램이 특별해진다. 온전히 그 친구의 스토리이기 때문이다. 가정이 불안하고 집안이 풍비박산된 친구들도 있을 것이고, 그 정도의 데미지를 갖고 사는 사람도 있다. 그들이 공감할 수 있다면 그 친구의 서점은 승산이 있다. 단순하게 모여서 책 읽고 마음의 위안을 얻자는 얘기보다 개인의 서사를 풀어놓는 것이 훨씬 설득력이 있고 매력적이다.

공감할 수 있는 탄탄한 서사의 힘

앞서 언급한 세 가지 케이스는 어디선가 듣고 봤던 것 같은 이야기다. 이야기 패턴은 같지만 에피소드마다 서사가 다르다. 개인의 서사는 비슷해 보여도 모두 다르기 때문에 다른 감동을 준다. 역사와 지역성, 거대한 문화를 기반으로 서사를 만들어낼 수 있다면 더할 나위 없지만, 서사를 만드는 것에 어려움을 겪고 있다면 자기 자신으로 서사를 만들어보길 바란다. 자기 자신이 브랜드가 되는 것이다. 개인이 서사가 될 때 가장 큰 무기는 절대 카피되지 않는다는 점이다. 누구에게나 일어날 것 같은 흔한 스토리처럼 들리지만, 철저하게 개인의 이야기이기 때문에 동어 반복도 지루하지 않다.

이제는 대한민국에서 품질이 낮고 맛이 없고 디자인이 떨어지는 제품이나 서비스는 사라지고 있는 추세다. 우리는 상향 평준화의 시대를 살고 있다. 품질과 디자인으로 승부수를 띄우는 시대가 저물고 있다. 지금부터 제품과 서비스는 더 특별하고 더 카피되기 어려워야 한다. 카피할 수 없는 서사를 만들어야 하는 이유다.

지역성과 역사성에 기반한 서사

개항로통닭은 '인천에서 찍은 사진'이라는 소재를 활용했다. 인천의 역사성과 장소성, 공통된 추억을 바탕으로 인천 사람이라면 누구나 공감할 수 있는 서사를 만들었고, 세대에 관계없이 누구나 편하게 즐기는 공간이 됐다. 개항로맥주는 개항로 터줏대감 격인 60년 경력의 목간판 장인에게 글씨를 받아 디자인에 활용했고, 개항로에서 영화 간판을 그렸던 어른을 모델로 기용했다. 그 결과 역사가 전혀 없는 신생 수제 맥주임에도 지역을 대표하는 제품이 됐다. 이것이 바로 서사의 힘이다.

이처럼 지역의 정체성이 담긴 기획은 절대 카피되지 않지만, 역사와 지역성, 문화 등에 기반한 서사를 만드는 것은 초보자가 해내기 어렵다. 시작부터 너무 어려운 길을 가지 말고 실현 가능한 방법을 찾는 게 좋다. 자기 자신이 서사가 되어 브랜드가 되는 것이 개인이 할 수 있는 가장 쉬운 방법이다. 그리고 자기 자신이 서사를 만들 때 해야 할 일은 하나다. 솔직하기만 하면 된다.

철학과 시간은 카피되지 않는다

개항로프로젝트의 공간을 구성하면서 끊임없이 의심했다. 우리는 매력적인가, 우리가 하는 일이 지속 가능할까, 개항로에 와본 서울·경기 사람들이 반복해서 방문할까, 인천 사람들이 개항로를 계속 찾게 하려면 어떤 전략이 필요할까 등등. 내 자신에게 묻고 또 물었다. 매일 고민했지만 자신이 없었다. 돌이켜보면 그 시기가 개항로프로젝트의 성패를 가르는 시간이었던 것 같다.

절대 카피되지 않는 것을 찾아라
사람들을 반복적으로 끌어들일 수 없다고 생각한 이유는 우리가 너무 카피되기 쉬운 세상에 살고 있기 때문이다. 지난달에 영국 런던에서 본 카페가 서울 성수동에 생기고, 어제 성수동에서 본 식당은 오늘 대구에 생기는 세상이다. 개항로에 있는 국숫집이 경남 양산에 생기지 말라는 보장이 없다. 인터넷의 발달은 로컬 비즈니스를 펼칠 수 있는 기회를 만들어줬지만, 비즈니스 아이템을 쉽게 카피당할 수 있는 빌미를 제공하기도 한다. 개항로프로젝트에서 무언가를 만들어 입소문이 퍼진다면 머지않아 서울에도 비슷한 콘셉트의 매장이 생길 것이고, 사람들은 굳이 개항로까지 찾아오지 않고 집에서 가까운 곳에서 소비할 것이다. 이것이 나의 불안함의 원인이었다.

사람들은 이마트를 찾아 멀리 가지 않는다.
사람들은 롯데리아를 찾아 멀리 가지 않는다
사람들은 김밥천국을 찾아 멀리 가지 않는다.

카피되지 않는 시간과 철학

카피되지 않는 것이 필요했다. 몇 날 며칠을 고민한 끝에 '철학과 시간은 카피되지 않는다'는 결론에 이르렀다. 샤오미는 거대 자본이 운영하는 글로벌 기업이지만 전혀 독창적이지 않다. 항상 애플의 제품을 카피한다. 애플의 정신을 카피하면 될 텐데 왜 제품을 복제하는 건지 이해가 되지 않았다. 중국의 오래된 문화와 카피한 애플의 철학을 제품으로 녹여낸다면 매력적인 것이 탄생할 텐데 왜 샤오미는 베끼는 방법을 택하는 걸까. '다르게 생각하라(Think Different)'라는 애플의 철학을 카피해 기업 문화로 녹여낼 수 없기 때문이다.

만약 철학이 카피된다면 우리는 책을 읽거나 토론을 할 필요가 없고, 사람들과 어울리지 않아도 된다. 불가능하기 때문에 자기만의 시간을 쌓고, 공부하고, 책을 읽고, 강연을 듣고, 사람들과 소통하며 의견을 나누는 것이다.

시간도 카피되지 않는다. 120년 된 건축물이 있다고 치자. 그 건물을 카피하기 위해 똑같이 짓는다면 120년이 지나야 겨우 비슷해진다. 그러나 시간이 지난다고 해서 같아지는 건 아니다. 건물에 쌓이는 콘텐츠가 다르기 때문이다. 똑같이 병원 건물로 사용하더라도 120년 전 병원과 2023년의 병원은 공간 활용이 완전히 다르다. 시간은 카피되지 않는다.

개항로에서 카피되지 않는 시간과 철학이 녹아 있는 것을 찾다가 발견한 것이 노포다. 40~70년 동안 같은 자리에서 시간을 쌓아온 장인들이 오래된 가게를 지키고 있다. 반복하며 노련해진 기술, 축적된 시간, 손님을 대하는 태도 등이 오랜 시간과 합해져 하나의 철학을 만들어내고 있었다. 시간과 철학이 합해진 결과물인 노포는 결코 카피되지 않는다.

카피되지 않는 개인

고유한 '나'는 절대 카피되지 않는다. 싸이, 노홍철 등의 스타는 데뷔한 지 20년이 훌쩍 넘었지만 카피되지 않았다. 그들이 인기를 끌자 비슷한 캐릭터가 다수 등장했지만, 이내 사라져 갔다. 그들은 40대 중반이 된 지금도 여전히 아이코닉한 매력이 있고, MZ 세대에게도 통한다. 그들은 주변의 눈치를 보지 않고 하고 싶은 일을 하며, 비난을 받게 되더라도 옳다고 믿는 일에 목소리를 낸다. 대중 역시 처음에는 낯설었지만 시간이 지나면서 고유의 캐릭터로 인정하고 있다. 로컬에서 카피되지 않는 시간과 철학이 있는 무언가를 발견하지 못했다면 자기 자신을 내세워도 좋다. 싸이나 노홍철이 등장했을 때처럼 낯설게 느껴지겠지만, 시간이 지나면서 행동이 철학이 되고 카피되지 않는 자신을 브랜드화할 수 있을 것이다.

속임수가 난무한 시대가 있었다. 한 푼이라도 더 벌기 위해 속임수를 썼는데, 소에게 물을 먹여 억지로 무게를 늘린 다음 도축하는 '물 먹인 소' 사건도 그러한 속임수 중 하나였다. 속지 않기 위해 정신을 바짝 차려야 했다. 속임수가 난무한 시대의 종식을 위해 국가에서는 'KS 마크' 제도를 운영했다. 국가가 보증하는 품질의 제품이니 믿고 구매해도 된다는 인증을 해준 셈이다. 기술이 발달하고 일정 수준 이상의 품질이 확보되자 제품을 구매할 때 AS까지 따져보게 됐다. 서비스망을 갖추고 소비 이후까지 책임지는 대기업 시대가 도래한 것이다.

현재 우리는 대기업 시대의 다음 단계인 예술과 디자이너의 시대를 살고 있다. 전문가, 예술가, 디자이너 등에 의해 큐레이션된 시대다. 그들은 좋은 것을 많이 접할수록 안목이 는다고 주장하고, 사람들은 충실하게 전문가의 의견을 따르며 자신의 취향을 찾아가고 있다. 이 시대의 가장 큰 문제점은 전문가의 의견을 자신의 취향과 동일시하고 자신이 잘 안다고 착각하는 것이다. 주인의 취향으로 구성한 공간이라면 시간이 흐를수록 더 깊은 취향이 발현되지만, 전문가에 의해 큐레이션된 공간은 운영하면서 콘셉트가 무너진다. 전문가의 의견이 자신의 취향인 양 착각하게 되면 시간이 지날수록 좋아서 시작한 일에 흥미가 떨어진다. 남의 취향을 즐기는 중이기 때문이다.

이제는 다음 단계인 '덕질의 시대'로 넘어가고 있다는 생각이 든다. 덕질의 시대에는 장소나 시간에 관계없이 스스로 좋아하는 것을 찾아내고 따르게 된다. 싸이는 데뷔한 지 20년이 넘었지만 여전히 현역이다. 40대 중반이 됐지만 새로운 팬이 유입되면서 그의 공연장에는 20대 팬들이 많이 찾는다. 노홍철도 마찬가지다. 재미있는 일만 한다는 그는 40대 중반이 된 지금도 여전히 MZ 세대와 어울리며 재미있는 일을 벌이고 다닌다. 최근 주목받는 기안84, 빠니보틀, 곽튜브 역시 자신의 의견을 내는 데 거침이 없다. 자기 취향이나 생각의 방향을 트렌드가 나올 때마다 따라간다면 뚜렷한 캐릭터 없이 사라지겠지만, 자기만의 것을 가지고 지속하는 사람들은 시대를 초월한 힘을 갖게 된다.

절묘하게 조합하라

카피되지 않는 방법 중 하나는 협업이다. 개항로프로젝트는 개항로 노포 어르신들과 협업을 많이 했다. 어르신과 협업을 할 때 나는 아무것도 요구하지 않는다. 일하는 방식을 내 스타일로 바꿔달라거나 나를 위해 무엇을 해달라고도 부탁하지도 않는다. 그래야 일하는 과정이 덜 힘들다. 꽤 많은 이들이 협업자에게 자신의 방식으로 바꿔줄 것을 요구한다. 내 방식이 옳다는 함정에 빠져서도 안 되지만, 사람은 잘 바뀌지 않는다는 사실도 인정해야 한다. 그래서 협업은 어렵다.

사람을 바꾸려 하지 말고 맞는 사람을 찾아라

협업할 때 기획자는 사람과 사람을 찾아 연결하고, 슬로건을 통해 공동의 목표를 제시할 수 있어야 한다. 나는 협업할 때 그 사람의 특성을 잘 관찰하고 장점을 파악한다. 그리고 시너지를 낼 수 있는 다른 사람을 불러와 협업을 제안한다. 물론 내가 협업자들을 연결시키는 플랫폼이 된다는 이유로 그들이 바꾸고 고쳐야 할 점을 지적한다면 일이 진행되지 않기 때문에 고유 영역인 작업 방식은 절대 터치하지 않는다.

사람들을 잘 연결하려면 개인의 뛰어난 점을 알고 있으면 된다. 가령 0.001mm의 오차도 허용하지 않는 완벽주의자 디자이너가 있다면 그에게는 그 작업 방식이 강점이 되는 디자인 일을 맡기면 된다. 마음을 빼앗길 정도로 완벽한 결과물을 만들어내는 디자이너가 한 가지만 바꾸면 더 완벽해질 수 있을 것이라고 착각해 그를 바꾸려는 사람들이 있다. 모든 선의가 상대에게 선의로 전달되는 건 아니다. 사람은 잘 바뀌지 않는다. 새로운 것을 만들어야 하는 창작자나 오랫동안 자기만의 방식을 고수해 온 노포 장인이라면 더욱더.

아는 사람을 고용하는 것도 좋은 방법은 아니다. 서로의 스타일을 잘 알기 때문에 일은 매끄럽게 진행될 것이다. 하지만 결과까지 만족스러울지는 의문이다. 만약 그 지인이 그 프로젝트에 딱 맞는 사람이었다면 천운이 따른 결과로 봐야 한다. 그러나 알다시피 운은 한곳에 오래 머물지 않는다.

사람을 관찰하고 장점을 파악하는 훈련을 하라

강연에서 이렇게 말을 하면 "당신은 기획을 많이 해봤고, 크루도 있고, 아는 사람도 많고, 데이터베이스가 풍부하니 그 안에서 적합한 사람을 골라 쓸 수 있겠지만, 생초보 기획자인 우리가 어떻게 내 기획에 딱 맞는 사람을 찾을 수 있냐"는 질문을 한다.

나는 평소에 많은 정보를 접한다. 전시도 많이 보고 책도 많이 읽는다. 사람들의 작업물을 세세하게 뜯어보면서 분석하고, 매력적인 요소가 있으면 누가 어떻게 작업한 결과물인지를 알아내 머릿속에 아카이빙해 둔다. 귀찮더라도 이러한 작업을 반복해 연습해 두면 좋다. 주변에서 적합한 사람이 있는지 수소문하는 것도 방법이고, 다양한 루트를 통해 마음에 드는 작업물을 검색하고 창작자를 찾아내는 것도 방법이다.

절묘하게 조합하라

'절묘한 조합'이란 그가 가지고 있는 성향을 정확히 파악하고 시너지를 낼 수 있는 다른 작업자들을 연결했을 때 모두가 자유롭게 작업할 수 있는 상황을 말한다. 창작자가 자유롭다는 건 무엇도 바꾸지 않고 전적으로 창작자에게 맡긴다는 뜻이다. 창작자는 자신이 가장 잘하는 것을 열심히 하면 되기 때문에 작업 과정이 편해진다.

개항로프로젝트에서 노포 어르신들과 협업을 많이 하는데, 솔직히 협업하는 어르신들 중에는 내가 어떤 일을 하는지 정확히 모르는 분도 계신다. 내가 무엇을 해달라고 부탁한 적이 없기 때문이다. 나는 개항로 인근을 돌며 어르신들의 작업을 지켜보다가 그분들의 재능을 활용할 수 있는 방법을 찾아내고, 원래 하던 걸 해달라고 부탁한다. 그리고 어르신들은 나와 일을 하면 하던 일을 계속했을 뿐인데 전혀 다른 결과물이 나왔다며 좋아하신다. 이것이 내가 개항로프로젝트에서 브랜드 슬로건을 '올드 앤드 뉴'로 정하고, 지역성을 '노포'로 선포한 다음 어르신들과 협업할 수 있는 비결이다. 전원공예사 어르신과 협업한 '가훈프로젝트'도 그렇게 진행됐다. 어르신은 하던 대로 목간판에 글씨를 새겼고, 나는 목판의 크기를 작게 하고 가훈을 만든 사람들의 손 글씨를 받아 적용하는 등 모던하게 바꿨을 뿐이다.

내가 조금 불편하면 상대방은 일하기 편해진다. 편안한 상태에서 그 사람의 진짜 실력이 발휘된다는 것을 알아야 한다. 사람마다 잘하는 것이 있다. 사람을 잘 관찰하고 장점을 발견해 절묘하게 조합하는 훈련을 해보자. 이렇게 협업으로 만들어낸 결과물 역시 절대 카피되지 않는다.

대기업 자본이 할 수 없는 일을 하라

시쳇말로 '먹히는' 아이템은 탐내는 자가 많다. 비슷한 조건에서는 오리지널리티를 유지하며 나만의 강점을 유지할 수 있지만, 거대 자본 앞에서는 쉽게 무너지게 마련이다. 그래서 사업을 하려면 거대 자본이 할 수 없는 일을 해야 한다.

주인장의 취향으로 가득한 공간의 힘

영국 유학 시절, 친구를 따라 할머니가 운영하는 카페에 간 적이 있다. 크림 티를 판매하는 전문점이었는데, 카페 전체가 티포트로 가득했다. 아마도 수집한 것을 전시해 놓은 듯했다. 그곳에서 스콘 두 개를 주문해 티와 함께 먹었다. 처음에는 너무 내 취향이 아니라 불편했는데, 시간이 지날수록 그 분위기에 적응이 됐다. 주인 할머니가 얼마나 티에 깊이 빠져 있는지 짐작이 됐기 때문일 것이다. 그래서 다음에 그 카페에 갔을 때는 주인 할머니의 취향을 따라가면서 티를 소비했었다.

온통 손뜨개 소품으로 장식한 공간에도 가봤다. 집 안에 들어

서자마자 입이 쩍 벌어질 만큼 많은 수예품이 눈에 들어왔다. 모두 주인이 시간 날 때마다 직접 뜨개질한 공예품이라고 했다. 처음에는 시선 처리를 어떻게 해야 할지 모를 정도로 당황스러웠지만, 집주인이 손뜨개 작품을 얼마나 사랑하는지 알게 되면서 그 공간을 즐길 여유가 생겼다.

남의 취향을 카피해 내 비즈니스를 할 수는 없다

주인장의 취향으로 가득한 공간은 거대 자본이 절대 흉내 낼 수 없다. 그런데 대한민국에는 남의 취향을 카피해 자기 취향인 척하는 공간이 너무 많다. 사진상으로는 비슷해 보이는 두 카페를 실제로 방문했는데, 묘하게 다른 느낌을 받을 때가 있다. 주인의 취향 때문이다. 하나는 처음부터 주인의 취향이 반영된 공간으로 시간이 지날수록 분위기가 무르익는 곳이고, 다른 하나는 디자이너가 유행하는 스타일로 만들어준 공간으로 시간이 지날수록 주인장의 디자인 콘셉트와 다른 취향이 더해져 공간이 주인을 닮아가는 곳이다. 두 공간은 시간이 지날수록 더 다른 분위기를 낼 것이다.

"거대 자본이 할 수 없는 것을 하라"는 말은 곧 비즈니스 공간과 상품에 자신의 취향을 다 녹여내라는 뜻이다. 그래야 카피되지 않는다. 공간을 운영하는 사람 입장에서도 나만의 오리지널리티를 유지할 수 있어야 일하는 것이 더 재밌어진다. 일본을 여

149

행할 때 골목 안쪽의 작은 밥집과 카페, 소품 숍을 찾아다니는 것처럼 나의 공간을 사람들이 찾아오도록 만들어야 한다.

취향에 맞는 공간이 있다면 로컬이 아니라 세계 어디든 찾아가는 사람들이 늘었다. 자신의 취향이 마이너하다고 취향을 드러내는 걸 망설일 필요는 없다는 얘기다. 카피된 취향을 전시한, 이른바 '큐레이션 취향'은 진짜 취향과 확실한 차이가 있다. 카피되지 않는 서사와 취향으로 공간을 구성한다면 사업 아이템과 무관하게 대기업이 따라 하지 못한다.

공간을 확장할 때 고민해야 할 것

취향 비즈니스를 성공적으로 론칭한 다음 더 많은 돈을 벌고 싶어 사업을 확장할 때는 내가 컨트롤할 수 있는 범위 내에서 규모를 정해야 한다. 나의 통제 범위를 넘는 규모라 타인에게 관리를 맡기게 되면 나의 취향을 좋아해서 찾아오던 고객들에게 같은 경험을 줄 수 없다. "돈 벌더니 변했다"는 말을 듣게 될 것이다.

토요코인은 세계 어느 나라의 어느 도시를 가도 같은 서비스를 제공한다. 여행자가 토요코인을 숙소로 택했다면 그는 안정적인 품질의 서비스를 선호하는 타입일 것이다. 하지만 개인이 운영하는 숙박 공간은 매뉴얼이 있더라도 날마다 조금씩 다르다. 어느 날은 테이블 위에 꽃이 놓여 있고, 어느 날은 제철 과일이 놓여 있다. 식기나 집기, 침구 등 집 안 곳곳에서 주인의 취향이 묻어난다. 여행자가 이 숙소를 택했다면 그는 남들과 다른 특별한 경험을 하는 것을 선호하는 타입일 것이다. 주인의 취향이 듬뿍 묻어나는 숙소는 입소문이 나더라도 거대 자본이 카피할 수 없다. 반대로 시스템화하는 것도 불가능하다. (1박에 50만 원짜리 독채 펜션이 있다고 가정해 보자. 1개월 동안 예약이 꽉 차면 월 매출 1500만 원이다. 공과금과 청소비 등 관리 비용을 제하면 순이익은 1000만 원 내외가 될 것이다. 독채 펜션 서너 개를 더 지어 월 매출 4000만 원까지 끌어올리고 싶다면 직원을 고용해야 한다. 이 정도가 내 능력 안에서 나의 취향을 확실하게 드러내면서 운영할 수 있는 최대치다.)

취향은 기업화하기 어렵다. 모든 직원이 나와 같은 취향을 지녀야 하는데, 종교 단체가 아닌 이상 불가능하다. 그래도 시스템화하는 것이 필요해 취향을 기업화한다면 내가 전달하고자 했던 취향의 40%도 채 전달하지 못할 것이다. 그럼에도 불구하고 그 40%가 대체 불가한 매력을 가지고 있다면 찾아오는 사람도 있다.

공간을 낭비하라

로컬은 상대적인 개념이다. 나는 서울과 비교해 인천을 로컬로 정의했지만, 누군가의 기준으로는 인천이 대도시일 수도 있다. 하지만 인천에서 장사를 한다면 각을 세워야 할 지역은 당연히 서울이다. 개항로프로젝트를 기획할 때 나는 서울을 경쟁 상대로 삼았다. 많은 사람들이 모여 문화를 만들어내고, 날마다 새로운 이벤트가 벌어져 더 많은 사람들을 불러 모으는 성수동과 이태원에 각을 세웠다.

개항로가 성수동과 이태원을 이길 수 있을까. 모든 패션과 문화는 물론이고 경제, 사회, 자본 등 모든 것이 성수동과 이태원으로 모이는 중이다. 거주 인구도 유동 인구도 서울이 훨씬 많다. 딱 하나, 개항로가 서울보다 나은 점은 부동산이 저렴하다는 것이다. 그렇다면 공간을 낭비해도 되겠다는 생각이 들었다.

개항로통닭, 갤러리 같은 공간에서 치맥 하는 기분
로컬에서 공간을 기획할 때는 항상 '어떻게 하면 카피되지 않을까', '어떻게 하면 서울과 수도권 사람들을 로컬로 불러들일 수 있을까'를 고민한다. 공간 낭비는 내가 찾은 로컬의 무기 중 하나다. 서울에 비해 로컬은 부동산이 훨씬 저렴하다. 공간 자체가 비용이기 때문에 서울에서 공간 비즈니스를 계획한다면 최대한 효율적이고 합리적으로 공간을 구획해야 하지만, 로컬에서는 굳이 합리적이고 효율적인 기준을 따르지 않아도 된다.

개항로통닭은 1937년에 준공된 2층짜리 건물에 자리를 잡았다. 일제 강점기에는 병원이었고, 이후 관공서로 쓰였다. 1970년대에는 1층에 허리우드악기상, 유성통닭, 대폿집이 입주했고, 2층에는 연다방이 입주했었다. 도로에 면해 접근이 쉬운 데다가 근대 건축 양식에 따라 뒤편에는 작은 정원이 있다. 만약 서울이었다면 갤러리나 문화 공간으로 활용했을 것이다. 그런데 지역성과 역사성을 지닌 멋진 공간을 통닭집으로 만들었다. 인천 개항로이기 때문에 가능한 도전이다.

개항로통닭을 기획하면서 건물의 층을 없애고 층고가 높은 단층 건물로 개조했다. 고객들이 80년이 넘은 건물에 앉아 통닭을 먹으면서 층고 7m가 넘는 개방된 공간을 경험하게 하고 싶었기 때문이다. 기대했던 대로 손님들은 개항로통닭에 들어서면 시원하게 트인 공간을 바라보며 감탄한다. 박물관이나 갤러리에서만 할 수 있는 경험을 1만3000원짜리 통닭을 먹으면서 할 수 있기 때문이다.

개항로본부, 다목적으로 사용되는 멀티 스페이스

개항로본부에는 가구가 거의 없다. 165제곱미터(50평) 남짓한
공간에 테이블 하나만 들였다. 개항로본부 공간은 가벽을 세워
갤러리로 활용하기도 하고, 개항로프로젝트의 사무실로 사용하
기도 한다. 공간 효율성 측면에서 보자면 엄청난 낭비다. 그런데
그 빈 공간이 개항로에서만 할 수 있는 경험을 하게 만든다. 개항
로본부를 방문하는 사람들은 비어 있는 넓은 공간에 들어오면
묘한 해방감을 느낀다고 한다. 그래서 마음이 고요하고 편안해
지는데 다른 공간에서 느껴보지 못한 감정이라고 한다. 만약 서
울이었다면 가벽을 세워 공간을 나누고 임대 수익을 올리기 위
해 노력했을 것이다. 개항로이기 때문에 가능한 선택이다.

공간 낭비는 로컬의 특권

우리는 여백의 중요성을 잘 알고 있다. 꽉 채우는 것보다 빈 공간
이 있을 때 평화롭고 안정적인 상태가 된다. 하지만 사업을 하려
는 사람은 여백에 대한 공포가 있다. 공간을 꽉 채우려고 한다.
머릿속에 '공간을 낭비하면 안 된다'는 명제가 참으로 설정돼 있
기라도 한 듯, 공간을 구획 지어 알뜰하게 쓰고 싶어 한다. 식당
에 테이블을 많이 들일수록 돈을 더 많이 벌 수 있을 거라고 생각
하겠지만, 실제로 다닥다닥 붙은 테이블은 의도가 없다면 그 식
당의 매력만 떨어뜨린다. 매력이 없다면 굳이 로컬까지 갈 이유

가 없다.

세상에는 효율성이나 합리성으로는 설명되지 않는 것들이 있다. 개항로통닭, 개항로본부, 토리코티지 시리즈를 만들 때 의도적으로 공간을 낭비했다. 여백에 익숙하지 않은 사람들은 빈 공간을 용납하는 것이 어렵겠지만 생각을 바꿀 필요가 있다.

공간을 낭비하는 것은 로컬에서만 구현할 수 있는 커다란 무기다. 로컬에서 공간 비즈니스를 준비한다면 공간을 알차게 쓸 준비보다 무한한 상상력으로 공간을 낭비해 특별함을 더하길 바란다.

토리코티지×하시시박, 주차장과 집을 잇는 20m의 길

사진작가 하시시박과 협업한 토리코티지×하시시박은 입구에서 현관까지의 거리가 20m가 넘는다. 숙박객은 렌터카를 주차장에 주차하고, 짐을 들고 숙소까지 걷는 수고를 해야 하고, 나는 집을 몇 채 더 지어도 충분한 공간을 낭비했다. 비행기를 타고 제주도에 갈 때마다 공항이 가까워지면 하늘에서 보이는 제주 풍경을 좋아했기 때문이다. 바람이 많은 제주에서는 바람을 피하기 위해 돌을 쌓아 담을 짓고 그 안에 농작물을 심는데, 그 때문에 하늘에서 본 제주의 모습이 조각보처럼 느껴진다.

그 풍경의 아름다움을 숙박객들과 나누고 싶었다. 일부러 조각보처럼 생긴 제주의 밭 한가운데에 집을 지었고, 그 풍경을 보면서 여행자들이 진짜 제주를 느끼길 바랐다. 실제로 숙박객들은 주차장에서 집까지 걸어오는 길을 그 집의 매력으로 꼽았고, 그 길을 걷고 싶어 토리코티지×하시시박에 왔다는 사람도 많았다. 부동산이 비쌌다면 빈 공간에 집을 더 지어 더 많은 숙박객을 받아야 했을 터이고, 그렇게 하는 순간 매력은 사라질 것이다.

로컬에서 내가 필요한 것을 만들라
개항로통닭

사업을 할 때 하고 싶은 일이 명확하고, 아이템에 맞춰 지역을 분석하고, 지역을 선택해 시작하는 것이 가장 좋다. 하지만 모두가 그럴 수는 없는 노릇이다. 로컬에 가서 살고 싶지만 하고 싶은 일이 명확하지 않을 수도 있다. 이런 경우에는 지역을 잘 관찰하고 분석해 지역에서 필요한 것 혹은 지역을 위해서 필요한 것이 무엇인지 고민하는 시간을 가져야 한다. 그리고 아이템을 찾았다면 내 스타일에 맞게 만들어내면 된다.

로컬 디렉터가 되고 싶다면

개인의 창업은 철저하게 자신이 하고자 하는 일을 하는 것이다. 잘되면 소비자에게 영향을 주고 인정을 받아 개인의 가치를 실현하며 경제적 이익을 얻을 수 있다. 만약 개인이 아닌 지역을 전체적으로 바라보는 로컬 디렉터를 꿈꾼다면 지역을 대상으로 보다 큰 그림을 그려낼 수 있어야 한다. 이 경우는 지역에서 필요로 하는 것을 전략적으로 만들어내야 한다.

개인이 로컬에서 카페를 창업했다고 가정해 보자. 그가 창업 아이템으로 카페를 택한 이유는 세 가지 중 하나다. 운영하고 싶은 장소를 찾아 지역에 와서 오픈했거나, 마음에 드는 공간을 발견하고 다양한 아이템 중에서 카페를 선택했거나, 로컬에 카페가 필요하다고 판단해 창업했거나. 카페를 운영한다는 측면에서는 모두 같아 보이지만, 운영 방식이나 결과는 완전히 달라질 것이다. 로컬에서 비즈니스를 원한다면, 지역의 브랜딩을 원한다면, 하나의 점포가 아닌 거리 전체를 살리기 원한다면 세 번째 눈으로 창업을 준비하고 지역을 바라봐야 한다.

개항로통닭이 바로 로컬에서 필요한 것을 찾아 창업한 케이스다.

개항로의 인구 구성 및 특징

인천시 중구의 구 도심에 위치한 개항로는 한때 인천뿐만 아니라 경기도에서도 가장 번화한 지역이었다. 신도시가 개발되면서 관공서와 학교, 상업 시설 등이 이동했고 구 도심은 생기를 잃었다. 시간이 지날수록 개항로는 점점 소외됐고 쇠퇴하기 시작했다. 현재 개항로는 인천에서도 가장 낙후된 지역이 됐다. 인구 구성 역시 젊은 소비층이 적고 비생산 인구인 노인층 비율이 상당히 높다. 개항로와 길 하나를 두고 행정 구역이 나뉘는 인천 동구는 65세 이상 인구의 비율이 24.02%에 이른다. 인천시 평균인

14.8%보다 상당히 높음을 알 수 있다(2022년 1월 기준, 인천시). 즉, 주민 4명 중 1명은 노인인 동네가 개항로다. 그리고 그들은 과거 개항로 전성시대를 이끈 주역이었다.

개항로프로젝트의 목적

개항로프로젝트를 시작한 목적 중에 하나는 개항로라는 지역을 브랜딩해 지역 전체를 되살리는 것이었다. 그리고 지역 브랜딩 과정에서 지역 인구의 25%나 되는 어르신들이 함께 즐길 수 없다면 반쪽짜리 프로젝트밖에 되지 않을 거라고 판단했다. 다시 말해 지역 전체를 바라보고 프로젝트를 진행하는데 젊은 세대를 위한 공간만 만든다면 어르신들은 소외감을 느낄 것이다. 그 감정은 장기적인 관점에서 프로젝트에 직간접적으로 부정적인 영향을 줄 것이다. 결국 지역 전체를 생각해야 하는 도시 브랜딩에도 악영향을 끼칠 것이다.

　노인 인구가 많은 지역임에도 갈 곳이 별로 없는 상황에서 어르신들이 즐겁게 소비할 수 있는 공간을 만든다면 비즈니스 측면에서 성공 가능성이 높다. 영업적인 관점에서도 젊은 소비층에 어르신들이 플러스 된다면 훨씬 유리하다. 개인적인 욕망도 작용했다. 영국 유학 시절에 초대받은 파티에서 비틀스 노래에 맞춰 20대부터 70대까지 다양한 연령층의 사람들이 춤을 추고 노래 부르는 모습을 본 것이 꽤나 인상적으로 남아 있다. 그때부터 기회가 된다면 나도 다양한 세대를 아우르는 공간과 콘텐츠를 만들겠다는 생각을 했었다.

물론 혐오가 디폴트가 된 시대에 어떻게 청년 세대와 어르신들을 한 공간으로 이끌 것인가라는 숙제가 따라온다.

지역에 필요한 아이템 선정

많은 사람들이 흥겹게 노는 공간이라면 밥집보다는 술집으로 방향을 잡는 게 좋다. 술집을 운영하려면 어떤 안주를 서비스할 것인가 결정해야 한다. 모든 세대가 좋아하고 편하게 먹을 수 있는 안주는 무엇일까. 통닭이다. 메인 안주를 프라이드 통닭으로 할까, 양념 통닭으로 할까. 그런데 통닭을 꼭 기름에 튀겨 만들어야 할까.

지역성과 연결해 보자. 인천은 외국 문물이 처음 들어온 관문이었다. 그렇다면 대한민국에 처음 들어온 통닭은 어떤 형태일까. 검색해 보니 전기구이 통닭이었다. 아마도 어르신들에게는 치즈 가루 뿌리고 파채를 썰어 올리고 매운 소스를 뿌린 요즘 치킨이 아닌 옛날식 전기구이 통닭이 익숙할 것이다. 중간 세대인 40~50대에게는 향수를 불러올 수도 있다. 그렇게 해서 개항로에 전기구이 통닭집인 '개항로통닭'을 개업하기로 했다.

물론 전기구이 통닭집을 오픈하겠다고 했을 때 반대하는 목소리도 많았다. 한 집 건너 한 집이 통닭집인데, 닭을 튀겨본 적도 없는 사람이 무슨 수로 통닭집을 운영하겠냐는 것이다. 사람들은 지역에 없는 걸 해야 한다고 충고했고, 나는 세상에 많은 통닭집이 있지만 전 세대가 어우러지는 통닭집은 없다고 판단했기에 없는 일을 하는 거라고 답했다.

어쩌다 사장

명색이 개항로프로젝트 대장으로 불리는데 그곳에서 상업 활동을 전혀 하지 않으면 아무도 나를 인정하지 않을 것 같았다. 특히 어르신들에게 무언가를 제안했을 때 "네가 뭘 알아?", "너는 장사해 본 적 있어?"라 물으면 적절한 답변을 하는 것이 곤란해질 수도 있다. 그래서 개항로통닭을 오픈하고 8개월 동안 풀타임으로 가게를 지켰다.

그렇게 나는 개항로통닭의 사장이 됐다. 살면서 단 한 번도 내가 통닭을 튀기게 될 거라고 생각해 본 적이 없지만, 지역에 필요한 공간이라고 판단했기 때문에 통닭집을 열었다. 그리고 시작한 일은 끝을 봐야 하는 성격이기에 수많은 통닭구이 레시피를 조합해 실험하고, 개항로에 맞는 최적의 맛을 찾아냈다.

개항로통닭은 지역에 필요한 것이 무엇인지 고민한 끝에 탄생했다. 그저 통닭집을 운영하고 싶어 개항로에 개항로통닭을 만들었다면 과연 같은 결과를 만들 수 있었을까? 당연히 아니다. 지역에서 비즈니스를 기획한다면, 지역 전체의 브랜딩을 꿈꾼다

면, 지역에 살고 있는 사람들을 고려한다면 누군가는 지역에서
필요한 것을 만들어야 한다.

연결시키고 나타내서 상품으로 만들라
전원공예사 가훈프로젝트

무에서 유를 창조하는 창작 작업도 중요하지만, 지역 자원을 활용해 단순히 연결하는 것만으로 상품이 만들어지는 경우도 있다. 20년 전의 유행가를 찾아 듣는 사람은 별로 없지만 아이돌 가수가 리메이크 버전을 발표하면 다시 주목을 받듯이, 노포를 지키는 장인들의 물건에 현대적 감각을 더하면 좋은 상품이 되지 않을까.

범접할 수 없는 커리어와 서사를 가진 지역 자원
개항로에서 전원공예사를 운영하는 전종원 어르신은 목간판 장인이다. 1937년생으로 한자리에서 55년째 목간판을 만들고 계신다. 인천 중구 차이나타운 한중문화관 현판, 인하대학교 팔각정 현판이 모두 그의 작품이다. 목재 회사에서 가구 회사를 거쳐 목공예와 조각 공예를 배웠다는 어르신은 한때 목재 조각과 원목 가구를 만들며 직원 30~40명이 되는 사업장을 운영하기도 했다고 한다. 유행이 바뀌면서 1990년대부터는 목재 조각보다 목간판을 더 많이 제작했는데, 그마저도 사양길에 접어들어 내가 어르신을 만난 2018년 무렵에는 하루에 목간판 1개를 만들까 말까 했었다. 목간판 유행도 지나가고 시대에 맞지 않는 아이템이 되어버린 것이다. 하지만 유행이 지났어도 어르신에게는 기술이 남아 있다. 목간판은 물론이고 가구부터 목재 조각까지 제작했던 실력이 있고, 60년 가까이 쌓아온 경력이 있다.

내가 아이디어를 내고 목간판 장인이 완성한 가훈

그 무렵 나는 사람에게 철학이 얼마나 중요한 것인가에 대해 심취해 있었다. 대한민국은 시스템적으로 잘 돌아가고 있지만, 국가의 철학이 없다면 무시무시한 결과가 오겠다는 생각을 했다. 이 생각을 확장해 기업에 적용시켜 봤다. 기업의 철학은 곧 슬로건인데, 유럽의 오래된 기업 슬로건이 정말 멋있었다. 그리고 다시 개인에게 적용시켜 봤다. 기업의 철학이 슬로건이라면, 개인의 철학은 가훈이 된다. 그래서 아이들과 함께 우리 집 가훈을 만들었다. '아름다운 꿈을 꾸자'. 우리 집 가훈이다.

가훈을 들고 전원공예사 대표님을 찾아갔다. 목간판으로 만들어 집에 걸어두고 싶다고 했다. 어르신은 고급 목재라며 옹이가 가득한 나무를 꺼내셨다. 그런데 내 눈에는 그 목재가 전혀 세련되어 보이지 않았다. "이건 대통령이 왔을 때 해주세요"라는 말로 최대한 예의 바르게 거절하고, 내 마음에 드는 목재를 골랐다.

그리고 목재의 가로×세로×두께, 글자의 크기와 위치 등을 매우 구체적으로 요구했다. 어르신은 그 자리에서 종이를 꺼내 샘플을 만들었고, 그대로 우리 집 가훈을 새긴 목간판을 제작해 주셨다. 내 아이디어가 더해진 가훈 목간판은 꽤나 마음에 들어 가족 모두가 잘 볼 수 있는 곳에 걸었다.

목간판 장인과 협업한 가훈프로젝트

전원공예사 대표님을 다시 찾아가 가훈을 목간판에 새겨주는 사업을 하자고 제안했다. 전원공예사는 현금 거래만 해왔기에 카드 결제가 안 되고 세금계산서 발급도 안 된다는 단점이 있었다. 고객 연령이 낮아지면 카드 결제 고객이 늘어날 테니 대비를 해야 했다. 나는 개항로프로젝트 멤버 중 하나인 개항백화에 온라인 거래 및 카드 결제가 가능한 시스템을 마련했다. 그리고 가훈 샘플을 제작해 개항로프로젝트 소셜 미디어 계정에 공개하며 '개인의 철학이 담긴 가훈을 만들자'고 제안했다. 가훈이 필요한 사람은 직접 제작해도 되고, 샘플을 보고 개항백화를 통해 주문해도 된다. 카드 결제는 물론이고 전국 택배로도 받을 수 있다.

이 프로젝트를 진행하며 나는 지역 자원인 전원공예사 대표님의 기술을 가훈이라는 아이템과 연결하는 일만 했다. 모든 과정은 개항백화 대표가 관리해 주기로 했다. 새로운 사업을 시작했는데, 나는 실제로 하는 일이 없다. 대신 나는 가훈프로젝트를 통해 올린 수익을 전원공예사 대표님이 원하는 만큼 드리고, 내 수익의 절반을 다시 개항백화 대표와 나누고 있다.

다음 단계의 로컬까지 생각하는 기획

만약 가훈프로젝트가 대박이 나면 전원공예사 대표님의 뒤를 이을 후계자가 생길 것이다. 노포가 대를 넘어 이어지게 되는 것이다. 대학에서 조각을 전공한 20대 친구에게 목간판을 만드는 일은 그리 어렵지 않을 것이다. 그들이 후계자로 나선다면 나는 더 바랄 게 없을 것 같다.

청년들에게도 기회가 될 수 있다. 그냥 미대에서 판화나 조각을 전공하고 개항로에서 가훈을 목간판에 새겨 판매한다면 전혀 매력적이지 않은 아이템이다. 심지어 쉽게 카피될 수도 있다. 하지만 그 청년의 은사가 1937년생이고 60년 가까이 가구와 목재 조각, 목간판을 만들어왔으며, 차이나타운과 인하대학교의 현판을 만든 사람이라면 후계자인 미대생의 운명은 달라질 것이다. 카피되지 않은 서사와 카피되지 않은 지역성을 등에 업게 되므로.

로컬에 있는 것으로 로컬에 없는 것을 만들라
개항로 미식 관광 프로그램

로컬이 품고 있는 지역 자원, 로컬에서 문화를 만들어가는 사람들, 형성된 지역 상권 등을 잘 살펴본 다음 로컬에 있는 자원을 결합해 로컬에 없는 것을 만드는 것도 좋은 방법이다. 개항로프로젝트의 미식 관광 프로그램이 이 케이스에 해당한다.

로컬 자원과 사람을 연결한 '개항로 미식 관광'

나는 노포 어르신들이 돈을 더 많이 벌기를 바랐다. 식당의 경우 전체 매출이 늘어나려면 기본 매출 외에 추가 매출이 발생해야 한다. 그래서 점심 장사를 마치고 저녁 장사가 시작되기 전의 시간을 이용해 '개항로 미식 관광' 프로그램을 운영하기로 했다. 소비자가 티켓을 구매해 개항로 식당 8~9군데를 돌아다니면서 노포 주인에게 음식 설명을 듣고 음식을 시식할 수 있는 관광 프로그램이다. 소비자들은 평소 경험하지 못했던 노포의 음식을 다양하게 맛볼 수 있어 만족감이 높았고, 점심과 저녁 매출과 관계없이 새로운 매출이 창출되는 시스템이라 노포의 상인들도 좋아했다. 개항로에 있는 지역 자원과 사람을 결합해 개항로에 없는 것을 만들어냈을 뿐이다.

기획에 자신이 있다면 로컬에서 굳이 내 사업을 하려고 애쓰지 않아도 된다. 지역에 있는 자원을 연결해 기발한 기획으로 사람들과 상생하는 기획을 만드는 로컬 기획자의 역할을 수행하면 된다.

누구의 마음도 상하지 않는 섬세한 기획

기획자 입장에서 미식 관광 프로그램이 주목을 받으려면 외부 관광객이 많은 주말에 운영하고 싶을 것이다. 그런데 '개항로 미식 관광'은 평일에, 식사 시간이 한참 지난 오후 3~4시 사이에 진행했다. 소셜 미디어에 프로그램을 홍보하자 항의를 많이 받았다. "직장인이 어떻게 평일 오후 3~4시에 미식 관광을 떠날 수 있겠냐"는 것이다.

이럴 때 중심을 잘 잡아야 한다. 개항로 미식 관광은 개항로에서 장사하는 분들의 매출을 올리기 위해서 시작된 기획이다. 주말에 운영하면 기획을 성공시킬 수 있겠지만, 가게 주인 입장에서는 손님만 바뀌는 셈이다. 점심이나 저녁 식사 시간에 진행하는 것도 매출에 도움이 되지 않는다. 손님이 없어 가게가 비어 있는 시간에 추가로 매출을 올린다는 것이 이 프로그램의 핵심이다.

물론 '점심을 먹고 가야 하냐 굶고 가야 하냐', '왜 이렇게 애매한 시간에 프로그램을 운영하느냐'와 같은 손님들의 불만이 생길 것도 어느 정도는 예상했다. 하지만 프로젝트를 기획할 때 주객이 바뀌면 안 된다. 기획자는 스스로 돋보이기 위한 노력이 아닌 지역과 사람들이 행복해지는 방향의 기획을 세워야 한다. 그러다 보면 자연스럽게 개인이 돋보이는 날이 올 것이다.

메콩사롱
개항로미식관광에 참여합니다.

개항로고깃집
개항로미식관광에 참여합니다.

개항면
개항로미식관광에 참여합니다.

라이트하우스
개항로미식관광에 참여합니다.

인천당
개항로미식관광에 참여합니다.

태원잔치국수
개항로미식관광에 참여합니다.

지역성이 없다면 스스로 콘텐츠가 되라

로컬에서 가장 많이 받는 질문 중 하나는 "굳이 지역성을 살려야 하느냐"는 것이다. 그때마다 나는 "없다면 굳이 지역성을 살릴 필요는 없다"고 답한다. '로컬에서 사업을 하려면 지역성을 살려야 한다'는 기준을 억지로 따르다 보면 자연에서 많은 시간을 머물기 위해 캐러밴을 끌고 가서 잠을 자는 것이 아니라 캐러밴에서 잠을 자기 위해 캐러밴 캠핑장에 가는 것과 같은 굴절된 상황을 만들어내게 된다.

지역을 대표하는 강력한 콘텐츠가 있다면 행운이지만, 억지로 끼워 맞출 필요는 없다. 어느 지역에 가든 역사 속 위인의 스토리를 발굴해 콘텐츠화한 것을 볼 수 있다. 위인이 태어난 곳, 잠시 머물렀던 곳, 산책하던 길 등의 콘텐츠는 그다지 감흥이 없다. 다른 사람들에게도 마찬가지일 것이다. 사실 지역성의 정의는 조금 애매하다. 중세 때부터 전해져야 하는지, 10년 전부터 내려오면 되는지, 아니면 기간과 무관하게 유명해지면 지역성이 되는 건지 정확하지 않다.

지역성은 어떻게 생겨나는 걸까

부산국제영화제는 대한민국을 대표하는 축제이고, 아시아를 넘어 전 세계적으로 유명한 영화제가 됐다. 하지만 영화가 언제부터 부산의 지역성이 됐을까. 부산은 영화의 도시가 아니었다. 하지만 1996년 영화의 도시임을 선포하고, 부산국제영화제와 함께 지역성을 키워왔다. 이제 부산국제영화제가 열리는 시기가 되면 주변의 많은 사람들이 프로그램을 확인하고, 직장에 휴가를 낸 다음 부산으로 간다. 해외의 영화인과 관계자들도 부산으로 모인다. MZ 세대 중에 부산과 영화를 연결하지 못하는 이는 없을 것이다. 지난 20년 사이 영화는 부산의 지역성이 됐다.

세계 3대 페스티벌로 꼽히는 영국의 에든버러 페스티벌도 마찬가지다. 제2차 세계 대전 이후 상처받은 사람들을 위로하고 침체된 유럽의 분위기를 반등시키기 위해 1947년 에든버러 페스티벌이 시작됐다. 이면에는 에든버러를 '유럽의 문화 휴양지'로 브랜딩하고 재창조하고자 하는 욕망도 있었다. 반세기가 넘는 기간 동안 페스티벌과 함께한 에든버러는 유럽 최고의 문화 도시 중 하나로 자리 잡았다. 그런데 에든버러 페스티벌은 지역성이나 지역의 역사성을 바탕으로 만들어지지 않았다. 하지만 페스티벌 기간이 되면 에든버러의 인구는 일시적으로 서너 배 불어날 정도로 많은 사람들이 모여든다. 그렇다면 지역 대대로 내려오는 정체성을 지니지 않았으니 에든버러를 더 이상 문화의 도시라 부를 수 없을까, 그래도 77년이라는 긴 시간이 흘렀으니 문화 도시로 인정해야 할까.

베스트는 지역성과 역사성을 살린 기획

지금은 런던과 파리를 대표하는 상징이 됐지만, 런던아이와 밀레니엄 브리지, 에펠탑은 모두 건립 초기에는 환영받지 못했다. 내 생각에 도시의 정체성과 지역성, 역사성은 계속해서 끊임없이 변한다. 도시를 분석하고 관찰하면서 지역의 가치를 품고 상징적인 것을 발견했다면 고유의 특징을 바탕으로 현재의 사람들도 좋아할 만한 기획을 하는 것이 좋다.

하지만 로컬에서 기획하거나 지역을 브랜딩을 할 때 반드시 역사성과 지역성을 살려내는 것이 필수는 아니다. 지역에서 새로운 것을 만들어내면 에펠탑이나 런던아이처럼 기존 사람들은 거부감을 나타낸다. 어색하고 익숙하지 않기 때문이다. 하지만 새롭고 어색한 것들이 지역에 계속 출현해야 도시가 살아 움직인다.

지역 자원이 없다면 스스로 콘텐츠가 되라

많은 사람들이 실패가 두려워 도전을 하지 않는다. 새로운 것을 만들어야 한다는 압박감을 가지고 있으면서 새로운 도전을 하지 않고, 남들과 같은 방식으로 접근한다. 이 지역은 밤과 참외로 유명하고, 신라 시대에는 어떤 국가 기관이 있었으며, 일제 강점기에 세워진 근대 문화유산이 남아 있다. 이러한 정보만 가지고 기획을 하다 보면 새로운 것이 나올 수 없다.

지역 자원이 없다면 스스로 콘텐츠가 되면 된다. '오늘부터 춘천은 김밥의 메카다', '오늘부터 동두천은 떡볶이의 도시다'와 같은 선언을 해보자. 처음에는 거들떠보지도 않을 것이고, 많은 사람들이 비웃으며 조롱할 수도 있다. 물론 부끄러움도 감내해야 한다. 하지만 그런 시선에 아랑곳하지 말고 스스로 서사를 만들어가면서 무언가를 만들어낼 수도 있다. 그렇게 지역성을 선포하고 내가 그 지역에서 30년 동안 한 우물을 판다면 나 역시 지역성이 될 수 있는 것이다. 스스로 콘텐츠가 되겠다고 했을 때 비웃는 이들을 향해 "언제부터 에든버러가 문화 예술의 도시였고, 언제부터 부산이 영화의 도시였으며, 언제부터 강릉이 커피의 도시였냐"고 받아 칠 수 있는 패기가 있으면 좋겠다.

지금 대한민국은 개인이 무슨 일을 벌이면 세계로 확장될 수 있는 환경이다. 그 가능성을 K-팝 아이돌이 보여주고 있다. 개인의 힘이 점점 커지고 있는 현재 시점에, 개인이 자신의 서사를 만들고 지역에서 무언가를 만들어낼 수 있다면 그 자체로 충분히 지역성이 될 수 있다는 의미다. 쫄지 말고, 없는 지역성에 고민할 필요 없이 내가 지역성이 되는 방법도 있다는 것이다.

지역성을 살릴 때 주의해야 할 점

1. 자신의 강점을 먼저 들여다보라

지역성을 살리려면 자신의 강점을 먼저 들여다볼 필요가 있다. 역사학자라면 선사 시대부터 해당 지역에서 어떤 일이 벌어졌었는지 자료를 기반으로 살펴보고, 한국사와 근대사 전문가라면 일제 강점기의 역사성을 살펴보면 된다. 그런데 우리는 비즈니스를 하거나, 하고 싶어 하는 사람이다. 동시대 사람들이 무엇에 관심이 있는지 알아야 한다.

2. 나는 로컬 기획자이자 사업가라는 것을 명심하라

당신은 로컬에서 살고 싶어 내려온 사람이고, 로컬에서 살아가려면 돈을 벌어야 한다. 돈을 벌려면 아이템을 짜거나 지역성을 살릴 때 사업가의 시선으로 냉철하게 접근해야 한다. 학자나 전문가의 의견을 중심으로 수용하면 안 된다. 그들의 인정을 받을 수 있다면 좋지만, 그것이 절대적인 조건은 아니다. 그들에게 칭찬받기 위해 비즈니스를 하는 게 아니다. 그런데 많은 이들이 이를 헷갈려 한다. 물론 지역 공부는 매우 중요하다. 반드시 해야 하는 것은 없지만 하지 말아야 할 것은 존재하기 때문이다. 경복궁 안에 일식집을 차리고 역사성과 별개라고 말할 수 있겠는가.

3. 타인의 말을 수용하는 기준점을 만들라

대학 시절에 이상의 일대기를 그린 창작 연극 〈상아야, 상아야〉를 공연한 적이 있다. 그 연극에 "내 것의 크기를 잘 아는 자만이 (내가 가질 것을 잘 아는 자만이) 남에게 너그럽게 받을 것도 있고 줄 것도 있다"는 대사가 나온다. 자기 스스로 준비가 되어 있어야 다른 사람이 평가나 비판을 했을 때 흔들리지 않을 수 있다는 의미다.

우리는 역사가도 학자도 아니다. 다만 로컬에 들어가 원하는 라이프스타일을 실현하면서 비즈니스를 하고 싶은 사람일 뿐이다. 가게를 운영하면서 역사학자 코스프레를 하면 곤란하다. 지역성과 역사성을 살려 사업장을 운영하는 사람 중에 예상외로 이런 사람들이 많다.

개항로의 지역성은 노포

나는 개항로의 지역성은 노포라고 정의했다. 개항로프로젝트를 시작할 때 누구도 노포의 가치를 인정하지 않았다. 노포라는 표현 자체가 낡은 느낌인 데다가 일본식 표현이라 외려 사용을 꺼렸다. 지금 노포는 개항로프로젝트에서 빼놓을 수 없는 핵심 아이템이 됐다. 그리고 노포라는 단어 역시 단순히 오래된 가게를 넘어 누군가의 일생이, 역사가 담긴 공간으로 인식이 바뀌었다.

당시 노포는 오래된 맛집이나 노인들이 운영하는 지저분한 가게라는 인식이 강했다. 나는 그것이 지역성이라고 판단했다. 원칙대로라면 역사가 오래된 서울 종로와 을지로에 노포가 훨씬 많아야 하지만, 서울은 오래된 건물을 부수고 새 건물을 짓느라 노포가 거의 사라지고 없다. 하지만 인천은 땅을 매립해 발전해 왔기 때문에 구 도심이 그대로 남아 있고, 개항로 노포도 그대로 남아 있었다. 개항로에 밀집된 노포는 중국집을 제외하고 40년 이상 된 노포가 60군데가 넘는다. 여느 지역에서는 찾아볼 수 없는 독특한 현상이다. 인천 사람들의 접근이 용이한 노포와 오랫동안 노포를 지켜온 어르신들이야말로 개항로의 지역 자원이라고 판단했다.

이전까지 개항로 지역은 제물포 조약과 강화도 조약 등 개항의 역사를 바탕으로 청일 조계지와 근대식으로 지어진 건물 등 근대 문화유산을 지역 자원으로 여기고 콘텐츠화했다. 그들의 판단도 옳지만, 한 가지로만 개항로의 지역성을 설명하는 것은 조금 지루했다. 그래서 개항로프로젝트를 진행하며 '노포'를 지역성으로 선포했을 때 많은 사람들이 공감하고 지지했을 것이다. 다양한 방송 프로그램에서 개항로를 조명했고, 그렇게 더 많은 사람들이 모였고, 어느 순간 노포가 트렌드가 됐다.

합리적? 효율적? No!

판이 바뀌고 있다. 선택과 판단의 기준이 바뀌었다는 의미이기
도 하다. 과거 대한민국은 합리적이고 효율적인 것을 강조했다.
전쟁으로 폐허가 된 나라를 반세기 만에 글로벌 경제 강국으로
성장시킬 수 있었던 원동력도 합리적이고 효율적인 기준에 따라
선택과 집중을 했기 때문이다. 그래서인지 '합리적', '효율적'이라
는 단어에는 '긍정적'이고 '공평한'이란 의미가 내포된 느낌이다.
그런데 이제는 더 이상 합리적이고 효율적인 것이 통하지 않는
다. 지금까지 통계를 내는 방식은 집단을 나이, 학력, 사는 곳, 직
업, 연봉 등에 따라 분류하고, 설문 조사를 하거나 데이터를 분석
해 결과를 도출하는 식이었다. 하지만 지금은 그 기준으로 분석
한 데이터의 신뢰도가 떨어진다. 최근에는 과거의 합리적이고
효율적인 기준 위에 라이프스타일이라는 새로운 기준을 더해 집
단을 분류하고 통계를 낸다. 논문을 작성할 때도 사람들을 관찰
하고 인터뷰해 데이터를 얻는다. 객관식이던 세상이 주관식으로
변한 느낌이다.

합리적이지도 효율적이지도 않은 매력과 가치

경제학자 김정유 교수는 그의 저서 『합리적 선택』을 통해 합리적 선택이란 "주어진 여건하에서 기회비용을 최소화하고 만족을 극대화하는 것으로, 편익과 비용을 비교했을 때 순편익이 가장 큰 것을 선택하는 것"이라고 말했다. 따라서 "비용이 같으면 편익이 가장 큰 선택을 해야 합리적이고, 편익이 같으면 비용이 가장 적게 드는 선택을 해야 합리적이다"라고 말하며, "합리적 선택을 하기 위해서는 비용뿐만 아니라 편익도 고려해야 한다"고 주장했다.

그의 주장에 동의한다. 일단 대한민국에 존재하는 재화와 서비스는 이미 합리적이고 효율적으로 만들어졌다. 품질 역시 좋다. 이미 최적화된 시스템이 있기 때문에 나까지 합류해 더 합리적이고 더 효율적으로 만들기 위해 노력할 필요가 없다. 그뿐만 아니라 이제 우리는 더 이상 일차원적인 욕구 해결을 위해 소비하지 않는다. 신체를 보호할 목적으로 옷을 구매하는 것이 아니며, 허기를 때우기 위해 음식을 소비하는 것이 아니다. 여행지 숙소를 선택할 때도 단순히 잠을 자는 것 이상의 무언가를 원한다. 우리는 지금 매력을 구매하고 가치를 소비하고 있다. 그 매력과 가치는 합리적이고 효율적인 기준으로 설명되지 않는다. 양적 기준의 시대에서 질적 기준의 시대로 넘어가는 시절을 살고 있는 것이다.

건물주의 이상한 선택

물건이 많아지면 욕구가 달라지고, 달라진 욕구는 세상을 변화시킨다. 대표적으로 과거 건물주들은 굉장히 편하게 살았다. 건물만 지으면 분양이 다 되던 시절에는 빨리 땅을 사서 빨리 집을 짓는 게 중요했다. 아무렇게나 지어도 완판됐기 때문이다. 그런데 요즘은 건물을 지어도 세가 안 나간다. 건물은 남아돌고, 사업하고자 하는 사람은 적다.

요즘 건물주들은 내 건물의 가치를 높이기 위해서는 "세입자가 중요하다"고 말한다. 건물주들이 어떤 콘텐츠를 가진 세입자를 유치하느냐에 따라 건물의 가치가 달라진다는 사실을 인정하는 것이다. 그래서 스타벅스 유치 전쟁이 벌어지고, 건물주가 아닌 세입자가 임대료를 결정하기도 한다. 서울 연남동처럼 핫한 동네에서도 콘텐츠가 좋은 세입자를 유치하기 위해 파격적인 조건을 내건다. 임대료를 확 낮춰주거나 인테리어 비용을 대주거나 6개월 치 월세를 감면해 주기도 한다. 좋은 콘텐츠가 내 건물의 가치를 높여줄 거라고 믿고 투자하는 것이다. 굉장히 비합리적인 선택이지만, 세상은 이 방향으로 변화하고 있다.

질적 기준으로 판단하는 시대

사람들에게 살고 싶은 집의 그림을 그리라고 하면 99.99%가 단독 주택을 그린다. 그리고 꿈꿔왔던 대로 단독 주택에 사는 청년

세대가 늘고 있다. 하지만 단독 주택은 전혀 합리적이지도 효율적이지도 못하다. 단독 주택은 아파트와 달리 집을 구할 때도 많은 시간을 투자해 알아봐야 하고, 건축할 예정이라면 많은 리스크를 감당해야 한다. 사는 동안에도 안팎으로 잦은 수리를 해야 한다. 아파트에 비해 집값도 안 오르니 경제적인 효율도 떨어진다. 그런데 왜 이러한 불편을 감수하면서 단독 주택에 사는 사람이 늘고 있을까.

과거에 집은 나와 가족을 보호해 줄 안전한 공간이라는 개념과 투자의 목적이 강했다. 그런데 요즘은 자신의 라이프스타일을 완성해 주는 공간이라는 개념이 더해졌다. 집의 주요 기능이 투자에서 가족과 시간을 쌓아가는 공간이자, 계절의 변화를 느끼고 삶의 여유를 만끽하는 장소로 넘어가고 있다. 단독 주택은 아파트에 비해 비합리적이고 비효율적이지만, 자연과 가족, 계절, 여유 등을 만끽하기 좋은 공간이다. 집을 대하는 사람들의 태도가 변하고 있는 중이다.

매력을 팔 때의 기준은 나의 취향으로 삼을 것
'돈쭐(돈으로 혼쭐)', 가치 소비, 개념 소비, 감성 소비, 환경 소비, 팬덤과 같은 말이 들리기 시작했다. 이제 사람들은 소비할 때 상품의 가격과 품질뿐 아니라 사회적 가치와 자신의 라이프스타일까지 고려한다. 규모가 커 시스템이 필요하거나 시간을 투자한

만큼 결과가 나오는 사업이 아니라면 지나치게 합리적이고 효율적인 선택보다 무모해 보이더라도 철저하게 자신의 스타일을 드러내는 것이 더 현명한 선택일 수 있다. 더욱이 자신의 사업 아이템이 매력을 다루는 요소라면 합리적 효율적이라는 단어는 그냥 잊어도 괜찮다.

지역성은 사람, 디자인은 사람
개항로맥주

인천에서 자부심을 갖고 즐길 수 있는 것, 여느 도시의 사람들에게 자랑할 수 있는 것을 만들고 싶었다. 고민 끝에 지역 맥주를 개발하기로 결심했다. 지역 술과 맥주에 대해 조사한 결과, 전국에 이미 다양한 지역 맥주가 개발돼 판매 중이고 전 세계적으로 다양한 지역 맥주가 출시된다는 사실도 알게 됐다. 독일에는 무려 8000개가 넘는 지역 맥주 브랜드가 있다. 그러나 지구상에 아무리 많은 지역 맥주가 있다 한들 개항로프로젝트가 만드는 맥주가 그저 그런 맥주가 되지 않으려면 우리만의 지역 맥주에 대한 정의가 필요했다. 오랜 시간 고민한 끝에 인천 개항로의 지역 맥주에 대한 정의를 정했다.

개항로맥주의 정의
개항로맥주의 슬로건을 '지역성을 포함한 공감할 수 있는 술'로 정했다. 와인이나 위스키처럼 미식가와 전문가가 맛을 평가하거나 마니아층이 형성된 술 말고, 술에 대한 배경 지식이 전혀 없어도 누구나 편안하게 즐길 수 있는 술은 맥주다. 흔하디 흔한 맥주에 지역성을 담는 숙제가 남았다. 인천 개항로라는 지역성이 명확하게 드러나 맥주를 마실 때마다 개항로를 떠올리게 하는 방법은 없을까. 그렇게만 된다면 어디에서 맥주를 마시든 인천 사람이라는 동질감을 갖게 될 것 같았다.

지역성을 포함한 공감할 수 있는 술이 되기 위한 두 가지

개항로맥주 병의 크기는 500ml로 정했다. 세련되고 힙한 술집에서는 350ml 병에 담긴 수입 맥주를 취급하지만, 일반 호프집이나 치킨집에서는 대부분 500ml 국산 맥주를 판매한다. 누구나 편안하게 즐길 수 있는 맥주라는 콘셉트에 따라 개항로맥주도 330ml가 아닌 500ml 병으로 출시했다. 익숙함을 주고 싶었다. 예를 들어서 디자인도 관심 없고, 로컬도 모르고, 지역 맥주의 존재도 모르는 우리네 아버지 같은 분이 개항로맥주 포스터를 보고 새로 나온 맥주를 주문했는데, 작은 사이즈가 나오면 실망할 것이 뻔하다. 그분들도 함께 갈 수 있어야 개항로맥주의 콘셉트를 충족시킬 수 있다. 그래서 개항로맥주의 용량을 500ml로 정했다.

또 맥주의 종류는 에일이 아닌 라거로 택했다. 개항로맥주는 홉향이 강하고 몰트가 진한 특색 있는 에일이 아니라 마시기 편하고 청량감 있는 친숙한 라거다. 일본에서 제일 대중적인 맥주인 아사히 슈퍼 드라이도 라거이고, 미국에서 제일 많이 마시는 맥주도 버드와이저와 밀러 역시 라거이다. 그 외에도 많은 국가에서 대중적으로 인기가 있는 맥주는 역시 라거들이 차지한다. 대한민국 역시 카스와 테라가 제일 인기 있는 맥주이고 역시 라거다. 따라서 누구나 공감할 수 있고 즐길 수 있는 맥주가 되기 위해서는 특별한 맥주인 에일보다는 라거가 더 어울린다.

지역 맥주와 수제 맥주는 크래프트 정신이 있다. 대기업이 만든 라거 맥주에 대항해 특색 있고, 풍미 좋고, 개성 있는 맥주를 만드는 것이 크래프트 정신이다. 다시 말하면 보급형 맥주가 아닌 자신들만의 맥주를 만드는 것이다. 개항로맥주가 특별한 맥주가 아닌 대중적인 라거를 만들었을 경우에 지금까지 쌓아 올린 양조장 이미지가 실추될 가능성 역시 있었다. 하지만 개항로맥주의 정의는 '공감할 수 있는 술'이기에 이 슬로건으로 크루들을 설득하며 중심을 잡았다.

지역성은 사람, 디자인은 사람

인천은 맥주를 만들 수 있는 자연 재료가 없기 때문에 지역성을 어떻게 담아야 할지 고민했다. 눈에 띈 것은 지역의 어르신들이었다. 병에 새겨진 개항로라는 글씨는 55년간 개항로에서 목간판을 만들고 계신 전원공예사 전종원 어르신의 글씨이다. 만약 레트로 느낌을 만들기 위해서 배민체나 을지로체를 사용했다면 옛날 느낌은 낼 수 있지만, 지역성을 포함한 인물의 서사는 없었을 것이다. 1968년 이후 개항로 구석 한자리에서 한평생 똑같은 일을 하고 있는 전종원 어르신의 역사는 개항로라는 글씨가 단순한 레트로가 아닌 클래식을 증명하는 것이다. 그래서 특별하다.

개항로맥주 모델은 과거 개항로에 극장이 19개가 있던 시절에 극장 간판을 그리시던 최명선 어르신이다. CGV의 등장으로 직업이 사라졌고, 현재는 동화마을 작가이자 개항로 페인트 가게 사장님으로 활동하신다.

두 어르신의 도움으로 사람을 통한 지역의 서사를 담아낼 수 있었다. 너무 멀지 않은 역사이기에 개항로맥주를 접하는 사람들에게 더욱 친숙할 수 있었다.

Drink Incheon, Drink Local

서울, 부산, 대구 등 전국 각 지역은 물론이고 다양한 유통 체인을 통해 개항로맥주를 판매하고 싶다는 연락을 받았다. 결단이 필요한 시점, 인천맥주 대표님과 개항로맥주 판매 범위를 두고 긴 대화를 나눴다. 우리의 결론은 '개항로맥주를 마시고 싶다면 인천으로 오라!' 원래의 정책대로 인천에서만 판매하기로 했다. 그리고 혹시라도 수익에 눈이 멀어 변심하게 될까 봐 즉시 개항로프로젝트 인스타그램 계정에 글을 올렸다.

인천에서만 팔겠다고 결정한 이유는 재미와 희소성 때문이다. 일본이나 유럽 여행을 하다 보면 그 지역에서만 먹을 수 있는 음식이 있고, 그 지역에서만 살 수 있는 물건이 있다. 당시에 물건을 구매하지 않거나 음식을 먹지 못하면 여행 후에 아쉬움으로 남곤 했다. 그 아쉬움이 그곳을 또 가야 할 이유가 되기도 한다. 이것이 지역을 대표하는 콘텐츠로서의 힘이고 재미다. 개항로맥주의 목표는 인천에서만 유통을 하다가 전 세계로 진출을 하는 것이다. 그러기 위해서 부단히 노력을 하고 있다.

개항로맥주 그리고 몇 년 후

2023년 기준 개항로맥주는 인천 지역 500여 개의 매장(술집, 호텔, 마트 등)에서 판매되고 있다. 개항로맥주에 참여한 지역 어르신들은 다양한 미디어에 출연하고 상도 받으면서 지역 대표 셀럽이 되었고, 지역을 위해 함께 일한다는 의식이 공유되면서 이전보다 훨씬 더 끈끈한 협력적인 관계로 발전했다. 인스타그램 DM을 통해 인천을 대표할 기념품이 생겨 뿌듯하다는 메시지도 많이 받았다. 물론 다양한 협업 제안이 들어오기도 한다.

하얏트 호텔에서 개항로맥주를 판매하고 싶다고 연락이 왔을 때는 적잖이 놀랐다. 명실공히 최고의 글로벌 럭셔리 브랜드 호텔에서 개항로맥주에 관심을 보인 이유가 궁금했다. 아마도 개항로맥주가 지역을 콘셉트로 특별하고도 친숙한 지역 어르신들의 서사를 잘 녹여냈기 때문일 것이다. 만약 개항로맥주가 재료 본연의 맛을 살리면서 최고의 술맛을 내기 위해 노력하고, 전 세계 수제 맥주의 디자인 경향을 분석 후 디자인을 하고, 사용자의 편의성과 관리의 효율성을 위해서 캔으로 제작을 하고, 지역성을 생각해서 인천의 과거 백제 시절의 역사를 가지고 와서 스토리를 만들었다면 어떻게 되었을까? 아마도 편의점 냉장고에 있는 많은 수제 맥주 중에 하나가 됐을 것이다. 당장의 매출을 생각한다면 편의점에서 잘 팔리는 맥주 목록에 오르는 것이 성공의 지표일 수 있지만, 장기적으로 개항로의 발전을 위해서는 개항로에 와야 마실 수 있는 맥주여야 한다는 생각에는 변함이 없다.

조금은 용감해지라

자발적으로 자신을 둘러싼 환경을 바꾸는 일은 생각보다 많은 용기가 필요하다. 그런 관점에서 아무 연결 고리가 없는 로컬에 내려와 살겠다는 결심 자체가 용기다. 하지만 결정을 내리고 행하려고 하면 수많은 사람들이 말을 보탠다. 이건 이래서 안 되고 저건 저래서 안 되고 등등. 그럴수록 자신을 믿고 조금 더 용감해져야 한다.

얼마 전 브랜딩에 관한 책을 읽었다. 저자는 "그건 안 돼!"라고 말하는 사람들이 돈을 더 많이 번다고 주장했다. 그런데 "된다!"고 말하는 사람들이 돈을 벌면 전자보다 훨씬 많이 번다고도 주장했다. 이유인즉, 안 된다고 말하는 사람들의 말이 효력을 지니려면 회사 중역 이상이기 때문이라고 했다. 그들은 회사 구성원이 발표를 하면 반대할 이유를 순간적으로 수십 가지 떠올릴 수 있는 뇌를 가졌단다. 확률적으로 어떤 프로젝트를 진행할 때 잘되는 경우보다 안 되는 경우가 훨씬 높으니 안 된다고 말하는 사람들은 대체로 옳은 판단을 한 사람이 된다. 자영업은 10개 중

9개가 망한다. 안 된다고 말했을 때 내 말이 맞을 확률이 90%라는 얘기다. 안 된다고 말하는 것이 훨씬 쉽다.

새로운 개념은 항상 저항을 받는다

에어비앤비 모델은 '남의 집에서 자는 것'이다. 집을 통째로 빌리기도 하지만, 방 한 칸만 빌리기도 한다. '공유 숙소'의 개념이 널리 퍼진 지금은 당연하게 느껴지지만, 초기에는 허황된 아이템처럼 느껴졌다. 절도, 살인, 강간, 손괴 등의 문제를 우려했지만 실제로 그런 일은 벌어지지 않았고, 에어비앤비는 글로벌 숙박업체로 성장했다. 아이폰 탄생 일화는 너무도 유명하다. 스티브 잡스는 엔지니어에게 스마트 TV를 만들 것을 요구했고, 어렵게 스마트 TV를 만들어내자 휴대폰에 넣어줄 것을 요청했다. 무리한 요구에 엔지니어는 지쳐갔지만, 결국 스티브 잡스가 옳았다. 일론 머스크 역시 엑스(구 트위터)에 영양가 없는 멘션을 늘어놓기 일쑤지만, 사람들이 그의 말에 귀를 기울이는 이유는 세계 전기 자동차 시장과 우주 산업의 방향이 그의 말에 따라 바뀌기 때문이다.

유사한 사례는 매우 많다. 세상에 없는 새로운 개념을 만들어내고, 세상이 바뀔 만한 일을 꿈꾸고, 나의 취향과 라이프스타일을 지켜가면서 살아가기 위해서는 용감해야 한다. 그러면 안 된다고 혀를 차던 사람들도 나의 사업이나 라이프스타일이 일정

궤도에 올라오면 당신의 용기를 칭찬하게 될 것이다.

뚝심 있게 내 생각을 관철시켜라

세상에 없는 혹은 새로운 어떤 것, 혹은 나의 라이프스타일을 관철시켜 무언가를 만들어내는 등 새로운 일을 하러 로컬로 내려왔다면 중심을 잘 잡아야 한다. 안 된다고 말하는 사람들, 성실하게 근거까지 들면서 부정적으로 말하는 사람이 엄청나게 많을 것이다. 그들의 말에 흔들리지 않고 자신의 생각을 용감하게 밀어붙이는 뚝심이 필요하다. 라이프스타일대로 살아가는 것이 초반에는 쉽지 않을 것이다. 하지만 잘 실천하면 멋있는 사람으로 성장해 있을 것이다. 조금 더 용기를 내길 바란다.

뚝심으로 밀어붙이려고 해도 마음 한구석에는 불안함이 남아 있을 것이다. 그래서 뜻을 함께하는 크루를 형성하는 일이 중요하다. 나와 같은 꿈을 꾸는 사람들, 나의 생각을 공유할 수 있는 사람들, 나의 생각을 좀 더 탄탄하게 만들 수 있는 전문가들, 결국 내게 필요한 사람들은 그런 부류다. 그래서 족장 시대가 도래했고, 사람 중심으로 일을 하는 것이 중요하다.

모어 댄 스테이, 토리코티지

영국에서 한국으로 돌아와 경기 가평으로 가족 여행을 갔다. 프로방스풍의 숙소를 예약했고, 묘하게 어색한 공간이었다. 가평에서 가평 스타일이 아닌 프로방스'풍' 숙소에 묵어야 하는 이유가 전혀 이해되지 않았지만, "새로 오픈한 곳이라 깨끗하잖아"라는 말을 들으며 내가 만약 숙박업을 하게 된다면 공간의 스토리와 지역의 정보를 담은 곳을 만들어 청결하게 운영하겠다고 결심했다.

숙소가 스토리를 갖게 되면 어떻게 변할까. 공간의 '스토리 sTORy'와 지역의 '인포메이션iNFORMATION'을 공간에 담아낼 수는 없을지 고민했다. 그리고 두 단어를 결합해 '토리TORi'라는 회사를 세우고 독채 펜션 사업 '토리코티지'를 시작했다. 숙박객에게 단순히 잠자는 것 이상의 경험을 주겠다는 의미로 슬로건은 '모어 댄 스테이'로 정했다. 오래된 집이나 구조물이 있으면 부수고 새로 짓는 걸 당연하게 여기던 시절, 나는 오래된 집에 내재된 정서에 편의성을 더하는 방식을 택했다. 토리의 첫 번째 공간은 수제 원목 가구 브랜드 카레클린트와 협업으로 완성한 토리코티지×카레클린트다.

제주 전통 가옥의 역사성을 살려 리모델링

아버지의 집을 리모델링하며 제주 전통 가옥에 반해 전통 가옥의 원형을 유지한 집을 찾아 다녔다. 그러다 보니 관광지를 벗어나 마을 안쪽 깊숙한 곳까지 집을 보러 다녔고, 애월읍 고내리에서 7대가 이어 살았다는 200년 된 가옥을 발견했다. 너무 낡고 허름한데 내 눈에는 빛이 났다. 설레어 잠을 못 이룰 정도였다. 어떻게 고쳐야 할지 한 달 동안 고민했다.

제주도는 집이 낮다. 제주도에 늘 불어오는 바람을 피하기 위해서다. 제주도 원주민이 살던 집을 사서 되도록 원형을 보존하려고 했다. 제주도 전통 가옥 구조인 안거리(안채), 밖거리(바깥채), 축사 구조는 손대지 않고, 그 공간들 사이로 들고 난 출입구와 길도 그대로 뒀다. 무려 7대가 물려받아 오랫동안 그렇게 살아온 데에는 우리가 알 수 없는 이유가 있다고 믿기 때문이다. 제주도의 문화, 기후 등에 정착한 조상의 지혜이자 아마도 가장 효율적인 공간 디자인임을 인정하는 거다. 하지만 전통을 고수하며 리모델링하다가 바깥채가 무너졌다. 불가피하게 신축동을 세울 수밖에 없었다. 어차피 새로 짓는 것이라면 위치와 구조를 바꿔 더 넓고 멋있게 짓는 게 좋지만, 기존 원칙대로 전통 가옥의 구조를 그대로 따랐다. 옛 주인이 200년 동안 지켜온 걸 건드리지 않고 싶었다.

마을과 자연스럽게 어우러지는 집

토리코티지×카레클린트는 돌집의 외벽과 뼈대를 그대로 둬 구옥의 역사가 고스란히 느껴지는 공간으로 재탄생했다. 예전이나 다름없이 자연스럽게 마을의 일부로 느껴지도록 제주의 정서에 맞게 디자인했다. 집 안에서도 마을 어르신들과 얼굴을 보며 안부를 물을 수 있을 정도로 낮았던 담장도 그대로 보존했다. 그렇게 동네 사람들과 교감을 느끼면서 머무는 동안에 제주도민으로서의 삶을 경험해 볼 수 있도록 배려했다.

4

느슨한 연결,
크루들과 협업하라

매력은 다수결로 정할 수 없다

라이프스타일 비즈니스를 한다는 것은 매력을 판다는 의미다. 다수결은 매력을 떨어뜨리는 방향으로 작용한다. 10명이 함께 식사를 한다면 다양한 메뉴가 나온다. '무엇을 먹는가'보다 '밥을 먹는다'는 사실이 중요했던 시절에는 다수결로 메뉴를 정했다. 시대가 변했다. 다수결은 보다 많은 사람을 만족시키는 결정이지만 다양성이 제거된다. 그런데 로컬에서 매력 비즈니스를 전개할 때 다수결로 정한다면 어떻게 될까. 다양성이 사라지고 평범해져 매력이 떨어지게 될 것이다.

객관적이라는 표현도 마찬가지다. '객관적으로 말하라'는 것은 '당신의 의견을 말하지 말라'는 것과 다를 게 없다. 의견은 주관적이어야 한다. 객관적인 기준으로 물건을 만들거나 사업 아이템을 정한다면 다수결로 정했을 때처럼 매력이 떨어진다. 다수결이나 객관적이라는 말은 매력을 파는 사업을 할 때 합리적이고 효율적인 것만큼 쓸모없는 기준이다.

매력을 다수결로 결정하면 벌어지는 일

공평, 민주적 의사 결정, 개인 의견 존중이라는 미명하에 매력을 다수결로 결정을 하는 우를 범한 경우가 많다.

2021년 강연을 하러 한 지역을 방문한 적이 있다. 일찍 도착해 그 지역의 공간을 둘러보다가 5명으로 구성된 프로젝트팀을 만났다. 벽에 페인트를 칠하는 날이라 컬러를 고르고 있었다. 팀원들의 의견이 갈렸고, 다수결로 결정했다. 당황한 내가 리더에게 "왜 다수결로 컬러를 정했냐"고 물었다. 5명이 똑같이 시간과 돈을 투자하고 노력해서 만드는 공간이기 때문에 모두의 의견을 반영해야 공평하기 때문이라고 답했다. 현명한 의사 결정 방식처럼 들리지만 아니다. 5명 중 안목이 가장 좋거나 매력을 가장 잘 만드는 사람이 결정하고, 나머지 팀원들은 그 결정을 존중해야 한다. 만약 5명 모두 안목이 없다면 그 팀이 그런 거다. 깨끗하게 인정하고 전문가의 도움을 받아야 한다.

매력은 공평하지 않다

마음 맞는 친구끼리 공동 창업을 하는 경우가 많다. 공간의 이름을 정해야 하는데 아쉽게도 의견이 갈린다. 많은 사람들이 단톡방에 몇 가지 후보군 이름을 올리고, 조직원과 지인들의 의견을 묻는다. 창업 공간의 이름을 다수결로 결정하는 거다. 많은 사람의 의견을 반영한 결과이니 최선의 선택이었다고 안도한다. 모두의 의견을 반영했으니 서운할 사람도 없다. 그러나 안전하고 무난한 결정을 했을 뿐 특별함이 전혀 없다. 단톡방을 만들어 사람들의 의견을 듣는 것은 좋다. 하지만 마지막 결정은 매력을 잘 만드는 사람이 해야 한다.

매력은 특별한 무엇이다. 모든 사람이 합의한 결과는 무난한 것이지 매력적인 것이 될 수 없다. 사회에서 매력을 만들어가는 사람들은 다르다. 특별한 것을 만들어내고 다른 사람들이 따라 하도록 만든다.

다수결은 게으른 선택일 뿐

매력을 다수결로 결정한다는 것은 사실 가장 편안하고 게으른 방법이다. 잘못됐을 때도 책임을 회피하거나 남 탓을 할 수 있다. 앞서 언급한 5인 동업 카페에서 한 사람이 매력을 만들어야 한다 면서 자신의 생각을 주장했고 나머지 4명이 따라줬다고 치자. 그 런데 망했다면 의견을 강하게 주장한 1명이 독박을 쓰게 된다. 죄책감이 생기고 인간관계도 끊길 수 있다. 그 위험 부담을 줄이 기 위해 안전하고 공평한 방법을 택한 것이 다수결이다.

다수결은 공평하고 민주적이기에 다수결이라는 말에는 '옳다' 는 의미가 포함되어 있었다. 하지만 여전히 다수결이 옳은지 생 각해 볼 필요가 있다. 이제는 더 이상 무난한 것은 팔리지 않는 다. 무난한 것은 이미 충분히 많기 때문이다. 더구나 무난한 것을 즐기기 위하여 다른 지역을 방문하는 일은 없다. 김밥천국에서 파는 김밥을 먹기 위해서 다른 도시를 방문하지 않듯이 말이다.

매력을 잘 만드는 사람과 협업하라

매력은 사람의 마음을 사로잡아 끄는 힘을 말한다. 뉴진스가 노래를 만들고 안무를 짤 때 대국민 투표를 통해서 결정하지 않는다. 패셔니스타도 의상을 선택할 때 단체 카톡을 통해 의견을 취합하지 않는다. 매력은 다수결로 결정되지 않기 때문이다.

내가 조직의 주체라 할지라도 매력을 결정할 수 있는 사람이 아니라면 조직원에게 결정 권한을 부여해야 한다. 잘 모른다면 협업을 잘해야 한다. 팀 내에서 매력을 만들 수 있는 사람이 없다면 반드시 찾아서 조직에 포함시켜야 하고, 매력을 뽑어낼 수 있는 전문가를 모셔와야 한다.

크루를 결성하라

로컬 비즈니스에서 크루란 단순한 계약 관계가 아닌 매력을 기반으로 같은 목적을 달성하기 위해 모인 사람들을 말한다. 크루가 왜 중요할까.

혼자 일을 잘하는 사람은 한계가 분명하다

과거에는 정보, 기술 및 지식을 대중이 얻기가 힘들었다. 그래서 몇몇 사람만이 독점할 수 있었다. 하지만 인터넷의 발달로 지금은 누구나 과거보다 손쉽고 빠르게 정보와 기술, 지식을 얻을 수 있다. 다양한 정보와 지식은 학습, 공유, 교육을 통해서 더 다양한 정보와 지식으로 변화한다. 개개인의 특성은 더욱 분명해지고 취향과 개성, 취미는 점점 다양하게 진화하고 있다.

과거에는 한정된 지식과 정보를 통해서 한 사람이 뛰어난 성과를 낼 수 있었지만, 지금은 무한대로 쏟아지는 지식과 정보를 한 사람이 모두 소화하기 힘들다. 따라서 같이 일을 해야 효과가 큰 시대가 됐다. 만약 혼자 일을 하는데도 성과가 좋았다면 그가 크루를 조직해 일할 경우 몇 배 더 좋은 결과를 만들 수 있을 것이다.

철저하게 개인의 창작 영역이라 믿었던 음악을 작곡하는 데도 수십 명이 모여서 함께 일을 하는 시대다. 현 시점에서 크루를 조직해 일하는 것은 선택이 아닌 필수다.

정형화된 조직보다 자유롭다

크루는 회사처럼 상하 관계가 있는 것도 아니고, 법인처럼 구속력을 가지는 것도 아니다. 계약 관계로 묶이지 않기 때문에 비교적 자유롭다. 개항로프로젝트의 경우 전체를 관리하는 회사가 존재하지만, 기본적으로 멤버들은 계약 관계로 묶여 있지 않다. 프로젝트에 따라 뭉치기도 흩어지기도 한다.

최근 인천맥주 대표가 디제잉에 관심 있는 상인 2명과 함께 'off'라는 디제이 크루를 결성했다. 그들은 개항로에 있는 노포에서 디제이로 활동하며 인천맥주의 신제품과 노포를 알리는 일을 한다. 철저하게 개인적인 취미 활동을 바탕으로 지역 경제 활성화에 도움을 주는 것이다. 개항로 내에서 그들의 영향력이 점점 커지고 있다. 그들은 계약 관계가 아니기 때문에 언제든지 흩어질 수 있고, 다른 멤버가 합류할 수도 있다. 이 과정에서 미안함이나 서운함 같은 감정은 섞이지 않는다. 이것이 크루의 힘이다. 만약 지분이 나뉘어 있거나 누군가에게 월급을 받는 형식으로 조직이 되었다면 이렇게 자유로울 수 없었을 것이다.

크루가 움직이는 방식

크루가 작동하는 방식은 남녀의 자유로운 연애와 흡사하다는 생각이 들 때가 많다. 서로 매력적이라고 느껴야 만날 수 있고, 그 매력이 종료되면 언제든지 헤어질 수도 있다. 연애와 다른 게 있다면 A크루에 속한 상태로 B, C크루에서 활동해도 괜찮다는 점이다.

반면 일반 회사에서 프로젝트를 진행할 때 조직이 작동하는 방식은 중매결혼과 비슷하다. 서로에 대해 잘 알지 못한 상태로 공통의 목적을 위해 서로 이해하고 맞춰가며 일한다. 주로 매력보다 스펙을 고려해 결성된 관계다. 회사라는 커다란 조직으로 묶여 있기 때문에 쉽게 헤어질 수도 없고, 다른 사람이 합류하기도 어렵다.

다양하고 멋진 크루들의 일원이 되기 위해서는 끊임없이 자신의 매력을 관리하고 뿜어내야 한다. 그래야 서로 이끌릴 수 있다.

크루가 되면 덜 외롭다

규모에 관계없이 회사의 대표나 조직의 장은 외롭다. 조직에서 발생하는 수많은 일은 이해관계와 인간관계, 돈이 수반되는 계약 관계로 뒤섞여 있기 때문이다. 조직원들에게 쉽게 고민을 털어놓을 수도 없고, 설사 말을 한다 하더라도 곡해돼 오해가 발생할 소지가 다분하다. 대부분의 시간을 조직 내에서 조직원들과 함께 보내지만, 적절한 거리를 유지해야 하기 때문에 섬처럼 존재한다. 그래서 늘 외롭다.

반면 크루는 매력으로 만난 관계일 뿐 계약 관계가 아니기 때문에 비교적 서로를 이해하는 것이 자유롭다. 고민을 털어놓기도 쉽다.

자유로운 작당 모의

이 외에도 크루의 장점은 많다. 일을 쉽게 도모할 수 있고, 작당 모의도 자유롭다. 서로 잘 맞는 사람을 소개해 주고 소개받기도 쉽다. 무엇보다 서로의 팬이 되어 마음 편하게 응원하고 열정적으로 행동할 수도 있다.

혼자 잘해서 잘되는 시대가 저물고 있다. 아무리 많이 알아도, 아무리 다재다능해도 혼자 하는 일에는 한계가 있다. 정보와 기술의 발달로 지식은 넘쳐나고, 사람들은 시공간을 초월해 만난다. 개인과 개인이 만났을 때의 능력치는 단순히 더하기가 될 수도 있지만 때로는 곱하기가 되기도 한다.

욕망을 솔직하게 드러내라

협업할 때 요구되는 중요한 자세로 사람들은 소통, 배려, 양보 등을 꼽는다. 그보다 먼저 자신의 욕망을 철저하게 드러내는 것이 중요하다. 협업할 때 "페이는 얼마나 드려야 할까요"라는 물음에 "우리 사이에 돈은 무슨… 알아서 해요"라 답하고, 후에 입금 내역을 보면서 '이 사람이 나를 이렇게밖에 생각하지 않는구나' 하며 인간적인 신뢰에도 금이 가는 일이 흔하다. 자신의 욕망에 대해서 서로 대화하고 협의하지 않았기 때문에 생기는 문제다.

우리 사회는 개인의 욕망을 솔직하게 드러내는 것을 곱지 않은 시선으로 보기도 한다. 하지만 협업을 시작할 때 돈 문제에 대한 협의가 이뤄지지 않으면 더 큰 문제가 발생하기 쉽다. 물론 욕망을 드러낼 때는 상대방이 기분 상하지 않도록 아무리 가까운 사이라도 예의를 갖춰야 한다.

자신의 욕망을 철저하게 드러내는 것은 협업의 가장 중요한 자세다. 돈, 권력, 명예 등 자신의 욕망을 드러낼 때는 예쁜 말을 쓰고 기분 나쁘지 않게 말해야 한다. 양보, 배려 등의 덕목은 다음 단계의 문제다.

나의 일하는 방식을 제대로 파악하라
크루를 결성하기 전 체크해야 할 것 1

협업의 본질은 함께 노력해 좋은 결과물을 만들어 발생하는 유무형의 이익을 나누자는 약속이다. 창업 과정에서 비용을 줄일 수 있고, 좋은 아이디어가 모여 시너지를 내 더 좋은 결과물을 기대할 수 있다. 홍보도 훨씬 수월하다.

협업을 하기에 앞서 내가 어떤 사람인지 알아야 한다. 나는 사람들과 같이 일할 수 있는 사람인지 아닌지 스스로 알고 있어야 한다. 같이 일하면 시너지가 나는 건 분명하다. 하지만 성향상 같이 일하는 것이 안 맞는 사람이 있다. 이 경우 협업하며 스트레스 받지 말고, 혼자 할 수 있는 일을 하는 것이 좋다. 모든 협업이 시너지를 내 좋은 결과로 이어지는 건 아니다. 나는 협업하는 것이 어려운 성향이지만, 전문가의 도움이 필요한 사업을 진행하고 있다면 비용을 들여 능력 있는 사람을 고용하면 된다.

나는 협업할 수 있는 타입일까

친한 친구와 일주일 정도 유럽 여행을 갔는데 시간이 지날수록 꼴도 보기 싫어졌다면 그 사람은 협업이 안 맞는 사람일 확률이 높다. 나무라는 게 아니다. 그저 자신의 성향을 알고 있어야 작업하기 편한 환경을 조성할 수 있고 그 안에서 자유롭게 실력을 발휘할 수 있다는 것을 강조하는 것뿐이다.

학창 시절 팀 과제가 주어졌을 때, 회사에서 팀 프로젝트를 진행할 때 자신이 어땠는지 떠올려보자. 돌아보면 그런 게 안 맞아서 회사를 그만두고 로컬에 온 사람도 많다. 굳이 로컬까지 와서 시너지를 기대하며 협업해 스트레스를 받을 필요가 없다. 이런 성향이라면 혼자 작업하는 것이 훨씬 좋다.

협업을 하지 말라는 의미지 사람들과 담을 쌓고 지내라는 말은 아니다. 인간관계는 중요하다. 좁은 지역인 로컬에서는 더더욱 그렇다. 사람들을 만나면 인사하고 어울리되 "일할 때는 혼자가 편하다"고 말해 두면 된다. 누구도 당신의 영역을 침범하지 않을 것이다.

좋은 습관이 좋은 사람을 만든다

지양해야 할 것도 있다. 함께 어울리면서 사람들을 폄훼하고, 협업하면서 같이 일하는 사람들이 실력이 없다고 떠벌이거나 그런 느낌이 들도록 행동을 하면 안 된다. 태도가 중요하다. 태도는 한순간에 만들어지지 않고, 배울 수도 없다. 네이버 지식인도 알려주지 않고, 카피도 할 수 없으며, AI가 대신해 주지도 못한다. 사

람 대하는 방법과 태도, 세상을 바라보는 눈 같은 요소는 시간이
갈수록 점점 중요해질 것이다.

사람마다 그릇 크기가 다름을 인정하라

협업을 할 때도 본인이 감내할 수 있는 사람의 범위가 다르다. 한
두 명과만 교류하며 일하는 것이 편하다면 그런 크루를 찾고, 사
람들로부터 에너지를 얻고 아이디어가 많아진다면 그룹으로 활
동하는 크루에 들어가면 된다.

협업이 어려운 타입이라 전문가를 고용해 일을 진행시킬 때도
1명을 고용할 수 있는 사람이 있고, 100명을 고용할 수 있는 사
람이 있다. 자신이 컨트롤할 수 있는 수를 넘어가면 괴로워진다.
매장 크기도 마찬가지다. 하나가 딱 맞는 사람이 있고, 서너 개를
동시에 운영할 수 있는 사람이 있다. 자신의 능력치를 넘어가면
문제가 생긴다. 자기 자신을 잘 아는 것은 정말 중요한 일이다.

비전을 명확히 제시하라
크루를 결성하기 전 체크해야 할 것 2

우리는 대체로 스스로를 과대평가한다. 감각이 없는데 있다고 착각하는 사람이 많다. 음식처럼 정답이 없는 분야에서는 착각에 빠진 사람들이 흔하다. 그들은 "다른 건 몰라도 김치찌개만큼은 내가 잘 안다", "다른 건 몰라도 된장찌개는 내가 정말 감별사 수준이다"라고 주장한다. 하지만 사실이 아닐 확률이 높다. 익숙한 것을 맛있다고 착각하는 것뿐이다.

나의 장단점을 정확하게 파악하라

크루를 결성하기 전 가장 중요한 일은 자기가 어떤 사람인지 정확하게 아는 것이다. 냉정하게 자신을 들여다보고 내가 하고 싶은 일이 구체적으로 무엇인지, 목표를 이루기 위해 모자란 능력은 무엇이며, 나의 모자람을 채워주고 나의 기획을 한 단계 업그레이드시켜 줄 수 있는 전문가가 누구인지 찾아내야 한다.

'요리하는 걸 좋아하지만 행정 업무만 생각하면 두드러기가 돋을 정도로 끔찍하다', '미적 감각이 전혀 없는데 소셜 미디어 계정을 감각적으로 운영해 팔로워를 늘릴 자신이 있다' 등 자신에 대한 분석이 끝났다면 사람들을 만나 내가 잘하는 것과 부족한 것을 솔직하게 드러내야 한다.

그런데 아무리 기술이 뛰어나도 세상을 바라보는 눈이, 사람을 대하는 태도가 다르면 함께 일하기 힘들다. 일이 순조롭게 진행될 때는 서로의 영역을 터치하지 않고 존중하면서 흘러가지만, 작은 시련에도 그 크루는 쉽게 무너진다. 문제가 발생했을 때 문제를 인식하는 방식이 너무도 다르기 때문이다.

철학과 비전을 명확히 하라

크루를 결성하고 접점을 만드는 방식은 무모해도 된다. 하지만 연결이 되었을 때는 진심으로 비전을 제시할 수 있어야 한다.

1. 내가 기획과 철학이 바로 선 상태에서 협업하고 싶은 사람이나 브랜드를 열심히 검색하라.
2. 지인을 통해 연결이 안 된다면 소셜 미디어나 이메일, 전화 등을 통해 두드려라.
3. 내가 하고자 하는 일들, 당신을 택한 이유, 협업을 통해 상대가 얻을 수 있는 것들을 정확하게 전달하고 비전을 제시하라.

철학이 없으면 막연해진다. "숙박업을 할 건데 예쁜 가구가 필요합니다. 당신의 가구가 마음에 드는데 협업의 개념으로 원가에 줄 수 있나요?" 이 얘기를 듣는 순간 상대는 할인해 달라는 얘기라고 받아들일 것이다. 조금 더 공격적으로 "펜션 20개를 운영할 거다"라고 말하면 대량 구매할 테니 할인해 달라는 얘기로 들릴 것이다. 할인은 받을지언정 협업 관계로 이어지기 어렵다.

접점을 만들라

처음 일을 하는 사람은 크루를 찾는 것이 정말 힘들다. 누가 뭘 잘하는지도 모르고, 저 사람이 과연 내 일을 도와줄지도 확신할 수 없다. 연결 고리가 전혀 없으니 비전을 제시할 길이 없다.

페이스북 메시지로 만든 접점

나 역시 아무도 나를 인정하지 않던 시절을 보냈다. 생각만 있고, 보여줄 수 있는 게 아무것도 없었다. 그때 나는 페이스북 메시지를 통해 일면식도 없는 기업 대표들에게 쪽지를 보냈다. 그리고 나의 진심과 간절함이 전해지도록 정성껏 메시지를 작성했다.

자기소개하듯 '나는 어떤 사람이고, 무엇을 어떤 방식으로 하고 싶은데 당신과 함께 하면 당신에게 어떤 도움을 줄 수 있다'고 했다. 그리고 '이 일은 사회적으로는 어떤 이점이 있고, 비즈니스적으로 당신에게 어떤 도움을 줄 수 있을 것이다. 내가 할 수 있는 일은 이만큼인데 당신에게 도움을 받고 싶다'고 솔직하고 구체적으로 메시지를 작성했다. 놀랍게도 이 방법으로 실패한 건

20%가 채 되지 않는다. 그때 나는 이룬 게 아무것도 없는, 내세울 게 하나도 없는 사람이었다.

당시 내가 함께 일하길 원하는 능력자들은 연락조차 닿기 어려운 존재였다. 그래서 공개되어 있는 연락처 중 그나마 확인 가능성이 높은, 내 이야기를 논리적으로 전달할 수 있는 페이스북 메시지를 택했다. 지금은 소셜 미디어 다이렉트 메시지로 업무 제안을 하는 것이 흔하지만, 15년 전에는 아니었다. 공개된 공식 루트가 아니라면 이메일을 보내는 것조차 예의를 운운하던 시절이었다. 이메일을 보냈어도 스팸함으로 보내졌을 것이다.

시너지를 만든 토리코티지의 접점

토리코티지×카레클린트를 기획할 때 카레클린트는 잘나가는 젊은 디자인 가구 집단이었고, 나는 그냥 자연인 이창길이었다. 카레클린트는 홍대 출신의 가구 디자이너 3인으로 구성된 크루다. 20대였던 그들은 국내에서 처음으로 수제 가구를 기업화했고, 청담동과 홍대 등 핫 플레이스에 매장을 운영하고 있었다. 제주도의 아버지 집을 고쳐 지은 다음 공간에 어울리는 가구를 찾다가 카레클린트를 알게 됐고, 실제로 제품을 사용해 보니 디자인도 품질도 매우 만족스러웠다. 그래서 토리코티지를 기획하면서 그들에게 콘택트했다.

나는 제주도에서 '모어 댄 스테이'라는 콘셉트로 숙박업을 준비하고 있는 공간 기획자다. 카레클린트의 가구를 사용해 보니 만족감이 높아 협업을 하고 싶다. 사람들은 가구를 구매할 때 10~20분 정도 짧게 둘러보고 큰 금액을 지출하는 결정을 내린다. 그래서 망설이게 되는데, 숙박업소에서 2박 3일 동안 지내면서 경험한다면 소비자에게 확신을 줄 수 있을 것이다. 토리코티지는 숙박 공간인 동시에 카레클린트의 쇼룸이 되어 줄 것이다. 나는 최선을 다해 카레클린트의 가구가 돋보일 수 있도록 공간을 구성하고 싶다. 그러니 기획 단계에서 가구 디자이너가 참여해 가구를 더 특별하게 보일 수 있는 의견을 주길 바란다. 카레클린트는 좋은 가구를 만드는 브랜드이니 토리코티지가 쇼룸이 된다면 브랜드 가치를 더 높일 수 있을 것이다. 대신 가구를 원가에 공급해 주면 좋겠다.

침구류도 마찬가지다. 내가 사용해 본 패브릭 브랜드 중 가장 만족스러운 브랜드와 콘택트했다. 그리고 내가 그 브랜드의 제품을 좋아하는 이유와 어떤 콘셉트로 숙박 공간을 기획하고 있지 말했다. 소비자들은 숙박업소에서 2박 3일 동안 당신의 브랜드 제품을 사용하게 될 것이고, 마음에 든다면 구매로 이어질 것이다, 프로젝트를 함께 진행하며 새로운 패브릭 라인을 론칭한다면 포트폴리오 또한 다양해질 것이라고 제안했다. 마지막으로 토리코티지 홈페이지에 패브릭을 구매할 수 있는 링크를 만들어 패브릭 브랜드 홈페이지와 연동하면 브랜드 마케팅에도 도움을 줄 것이라고 비전을 제시했다.

협업이 지금처럼 흔하지 않던 시절이었다. 더구나 나는 가진 것도 이룬 것도 없는 상태였다. 당대 최고의 브랜드들과 접점을 만들어내는 것은 매우 어려운 일이었지만, 그때 나는 내 말에 귀 기울여줄 만한 적당한 브랜드를 콘택트하지 않았다. 내가 직접 경험하고 가장 만족감이 높았던 브랜드를 택했다. 그때 내가 적당한 선에서 타협했다면 토리코티지는 성공적이지 않았을 것이다.

진실성 있게 사람을 대하라

나이가 어릴수록 경험이 적고 포트폴리오가 없다. 그런데 가진 게 없을수록 내가 좋은 사람이어야 기회가 찾아온다. 좋은 사람을 만나려면 좋은 사람이 되어야 한다. 지금 내 주변에 있는 애인, 친구, 동료가 곧 나 자신이다. 그래서 나는 가진 게 아무것도 없다는 청년들을 만나면 "좋은 사람이 되면 된다"고 말한다.

20대는 이룬 게 없는 게 정상이다. 특별한 몇몇을 제외하고 결과물이 있을 수가 없다. 그렇다면 아무것도 내세울 게 없는데 어떻게 좋은 사람을 만날까. 일단 명확하게 자기를 소개할 줄 알아야 한다. 나는 어떤 사람이고, 무엇을 해온 사람이며, 어떻게 살고 싶고, 무엇이 되고 싶다는 말을 사람들 앞에서 계속해야 한다. 그 말에서 진심을 읽은 사람이 같이 일하자고 먼저 제안할 때까지 말이다.

평범한 대학생에게 발견한 비범한 태도와 비전
대학에 심사위원으로 초빙된 적이 있다. 학생들이 창업 계획을 세워 조별 발표를 하는 자리였는데, 한 학생이 눈에 띄게 반짝였다. 그 학생에게 가장 높은 점수를 줬고, 1등을 했다. 수업이 끝난 후 내가 먼저 그 학생에게 제안했다. 당시 나는 기업과 공동으로 프로젝트를 진행 중이었고, 강연자가 필요한 상황이었다. 강연자로 그 학생을 추천했다. 기업 관계자에게는 대학 수업에서 만났으며, 어떤 생각을 가지고, 어떤 활동을 해왔고, 발표하는 모습을 보니 굉장한 가능성이 있다고 그 학생을 소개했다. 기업에서는 좀 더 유명한 사람이 강연자로 나서길 바랐지만, 내가 강력하게 그 학생을 추천했고 덕분에 그는 학생 신분으로 강연 데뷔를 했다. 내 안목은 틀리지 않았다. 강연은 매우 성공적이었고, 그 자리에 있던 사람들도 그 학생에게서 나와 같은 가능성을 발견했을 것이다. 그 학생은 그 기업에 취직했다. 지금도 여러 프로젝트를 함께 진행하고 있는데, 일을 해보니 더 괜찮은 사람이다.

그렇다면 그 학생은 단순히 운이 좋은 걸까. 그 친구의 운은 그 학생이 만들어낸 결과다. 그렇다면 그 학생의 실력이 월등할까. 솔직히 대학생이 할 수 있는 발표는 거기서 거기다. 내가 그 학생을 높게 평가한 부분은 태도와 비전이었다.

성실한 태도와 자세로 획득한 슈퍼 패스

한 행사에서 일본인 유학생을 만났다. 한국어를 능숙하게 구사했다. 석사 논문을 쓰는 데 필요한 인터뷰를 진행 중이라며 나에게 도움을 청하고는 몇 가지 질문을 했다. 질문의 수준이 상당히 높았고, 눈빛도 진지했다. 일본인 신분으로 인터뷰 대상을 찾는 것이 어려운 눈치였다. 그래서 인터뷰를 마친 후에 내가 아는 사람들을 인터뷰이로 소개해 줬다. 그의 논문 샘플로는 매우 적합한 사람들이었다.

당시 나는 진행하는 프로젝트에 외국인 크루가 합류하면 좋겠다고 생각하던 참이었는데 행사를 마친 후에 일본인 유학생에게 크루 합류를 제안했다. 그렇게 한동안 함께 다양한 프로젝트를 진행했고, 지금은 논문을 써야 하기 때문에 근무 형태를 파트타이머로 변경했다. 외국인이 대학원을 다니면서 직장 경력이 생긴 것은 흔한 일이 아니다. 그가 학업을 마친 후에도 한국에서 살기를 원한다면 시민권을 받기가 훨씬 수월할 것이다.

이 유학생도 단순히 운이 좋은 걸까. 이 학생이 잘한 것은 자신의 논문에 필요한 인터뷰이가 있을 만한 행사를 알고 찾아왔다는 점이다. 아마도 지도 교수나 정보력 좋은 누군가가 곁에 있었을 것이다. 나머지는 그 학생이 만들어낸 결과다. 질문을 하는 태도와 눈빛이 마음에 들었고, 대화를 해보니 업무 성향이 비슷한 것 같아 그 학생을 선택한 것이다.

진심을 다해 좋아하는 일을 열심히 할 것
진심을 담아 일을 하려면 좋아하는 일을 해야 한다. 인스타그램 계정을 운영하든, 기획안을 작성하든, 사람들에게 자기 이야기를 하든 진심으로 좋아하는 일을 해야 진심이 전달된다. 모두 진심으로 하고 있는데 잘 풀리지 않는다면 스스로 점검해야 한다. 진짜 에너지를 뿜어내는 사람을 만나면 신분이나 연령에 관계없이 오라가 느껴진다. 그리고 말을 하기 시작하면 목소리나 말투와 무관하게 저 사람은 진짜라는 걸 알아차릴 수밖에 없다. 사람들은 다 연결되어 있다. 진심을 다해 좋아하는 일을 하다 보면 누군가의 눈에 띌 것이고 내가 그랬던 것처럼 걸맞은 자리에 소개시켜 줄 것이다. 그런 식으로 개인의 우주는 확장된다.

하지만 모든 사람이 진심으로 가득해 에너지를 뿜어내는 건 아니다. 가끔 세상의 흐름과 무관하게 조용하고 묵묵하게 자기가 좋아하는 것을 하는 사람들이 있다. 얼핏 소극적으로 보이기도 하지만 그런 사람을 좋아하는 사람도 충분히 많다. 서로의 주파수가 맞으면 되는 것이다.

느슨한 연결, 크루들과 협업하라

'느슨하다'는 말을 '쿨하다'는 말과 동일시하는 경향이 있다. 나는 '느슨하다'는 말을 쉽게 연결되고 쉽게 멀어지는 크루의 관계적 특성을 말할 때 주로 사용한다.

비전과 철학이 맞지 않아도 크루가 될 수 있다

지금은 전혀 그렇지 않지만, 과거의 나는 내가 가진 비전을 상대 방이 100% 이해하고, 합의해야 함께 일할 수 있다고 생각했다. 협업을 하는 과정에서 많은 사람들이 이러한 문제로 다툰다. 비전이 있는데 합의가 안 되면 자신의 비전을 관철시키려고 싸우다 시간을 다 보내는 것이다. 리더는 리더의 비전과 철학이 있고, 크루는 크루의 비전과 철학이 있다. 서로의 비전과 철학이 딱 들어맞지 않는다고 해서 나쁜 건 아니다.

세상에는 정말 다양한 사람이 있다. 비전과 철학으로 사는 사람이 있는가 하면, 욕망으로 사는 사람이 있다. 함께 일을 하고 싶다면 나의 비전과 철학을 강요하기보다 상대의 욕망을 들어주면 된다. 내가 일을 통해 이루고 싶은 비전과 철학이 있다면 함께 일하는 사람의 욕망의 일부가 채워지는 방식으로 일하는 거다. 그 사람의 욕망 덕분에 내 철학과 비전이 완성될 수 있다면 크루가 될 수 있다.

비전과 철학, 욕망의 접점에서 사람들이 만난다

개항로 크루 중 한 명은 유명해지고 싶은 욕망이 있다. 방송에 백종원 대표가 나오면 질투가 나서 방송을 볼 수 없을 정도로 유명해지고 싶어 한다. 자신의 가게에 자신의 그림을 그렸을 정도로 자의식도 강하다. 그는 유명해져서 동상을 세우고 싶다고 했다. 내 기준으로는 이해할 수 없는 욕망이지만, 나의 이해가 필요한 문제는 아니다. 나의 기획이 그의 욕망이 채워지는 방향으로 작동한다면 우리는 크루가 될 수 있다. 그는 성실하고 유능하며 약속도 잘 지킨다. 나는 그와 함께 일을 할 때 유명해지고 싶다는 그의 욕망을 채울 수 있도록 일을 하거나 방법을 제시한다. 그러다 그 친구의 욕망이 나의 비전과 철학과 같이 갈 수 없는 시점이 되면 더 이상 함께 일을 하지 않을 것이다. 크루의 성격에 대해 같은 생각을 공유하고 있는 사람들은 쉽게 연대하기도 하고 쉽게 떨어지기도 한다. 이것을 '느슨한 연대'라 부른다.

완전히 달라진 요즘 일하는 방식

지금까지 대한민국의 조직은 일면 종교처럼 움직였다. 함께 일을 하기로 했다면 일단 만나서 많은 것을 함께 해야 공동의 목표가 이루어진다고 믿었다. 하지만 분명 달라지고 있다. 오랫동안 함께 일을 했어도 이메일과 문자 메시지만 주고받을 뿐 만난 적이 없어 얼굴과 목소리를 모르는 경우도 있다. 또한 과거에는 프로젝트를 마치면 평가라는 명목 아래 사람들을 한자리에 불러 시시비비를 가렸다. 치명적인 결함이 생겨 프로젝트가 진행되지 않을 때는 크루가 모여 원인을 찾아 분석하기도 하지만, 프로젝트가 끝난 후의 시시비비를 가리는 것은 개인의 몫이다. 각자 판단해 다음 프로젝트를 함께 할 것인지, 말 것인지 결정할 뿐이다. 물론 이번 프로젝트에는 어울리지 않은 크루라고 해도 다른 프로젝트에서는 잘 맞을 수 있다는 것도 파악하면 좋다.

개항로프로젝트와 크루

개항로프로젝트는 12명 정도의 크루를 중심으로 움직인다. 전체 회의가 없고, 필요할 때마다 온·오프라인으로 만난다. 안건에 따라 맨투맨으로 만나기도 하고, 관여된 사람들을 그룹으로 모아서 만나기도 한다. 조직도는 수평으로 되어 있다. 전통적인 피라미드 형태의 조직은 내가 선호하는 방식과 거리가 있기 때문이기도 하고, 지금처럼 빠르게 변하는 시대에 어울리지도 않는 방식이기 때문이다.

크루원들은 모두가 느슨하게 엮여 있다. 나는 개항로프로젝트 전체의 대장이지만, 팀 내에서는 특정 안건에 대해 그룹을 이루는 형태에 따라 대표가 되기도 하고 팀원이 되기도 한다. 모든 사람이 크루의 핵심 멤버이자 서포터다.

수평적이고 느슨한 관계의 조직도가 중요한 이유

만약 수익을 1/N 하는 관계였다면 개항로프로젝트는 망했을지도 모른다. 가정해 보자. A와 B가 1000만 원 규모의 프로젝트를 위해 동업했다. A는 100시간 동안 열심히 일했지만 문제를 해결하지 못했다. 그런데 팽팽 놀던 B가 나타나 한두 시간 생각하더니 문제를 해결했다. 이 경우 어떻게 분배하는 것이 옳을까. 문제를 해결한 B가 1000만 원의 수익 중 900만 원을 갖고 A에게 100만 원을 주면 될까. 그러면 A는 더 이상 B와 일하고 싶지 않을 것이다. 그렇다면 두 사람 모두 문제 해결을 위해 노력했으니 수익을 똑같이 분배해야 할까. 그러면 B도 더 이상 A와 일하고 싶지 않을 것이다. A와 B가 농업에 종사했다면 똑같이 노동하고 똑같이 분배하는 것을 당연하게 여겼을 것이다. 하지만 매력을 만들어내는 일에서 똑같은 분배란 없다.

매력을 만드는 일을 하는 조직에서 가장 중요한 건 솔직해야 한다는 것이다. 내가 무엇을 원하는지, 무엇이 갖고 싶은지, 어떻게 해야 행복해질 수 있는지 등에 대해 생각하고 크루원들에게 솔직하게 공유해야 한다. 이번 프로젝트에서 나의 기여도가 어느 정도인지 어필하고, 프로젝트 전체 수익의 몇 퍼센트를 가져가야 만족하고 작업할 수 있는지 솔직히 말해야 한다.

성격은 달라도 가치관은 같아야 크루가 될 수 있다

초반에는 나와 관계 있는 사람 위주로 크루를 결성했다. 다양한 프로젝트를 진행하면서 성공도 하고 실패도 해봤는데, 실패의 원인은 늘 사람이었다. 잘될 때는 모두가 좋은데, 문제가 발생하면 극복할 힘이 부족했다. 결국 문제가 생기고 크루는 와해됐다. 가치관과 인생을 바라보는 방향이 다르면 문제를 바라보는 관점 자체가 다르다.

나는 옛 건물의 역사성을 살려 인테리어하는 것을 중요하게 생각한다. 하지만 누군가는 그게 무슨 가치가 있냐며 다 부수고 최신 공법으로 세련되게 지은 건물을 짓자고 제안한다. 둘 다 틀린 건 아니다. 취향 차이다. 다만 둘은 취향이 너무 달라 함께 일하기 어렵다. 개항로프로젝트에서 노포를 지역성으로 선포하고, 노포 어르신들을 취재해 프로젝트에 참여시키자고 했을 때 누군가는 어르신들과 함께 일하는 건 골치 아플뿐더러 일이 잘됐다고 하더라도 젊은 친구들이 오길 꺼려해 외려 방해만 될 거라고 반대했다. 이럴 경우 두 사람이 함께 프로젝트를 진행하기는 어렵다.

개항로프로젝트의 가변적인 크루

개항로프로젝트의 주축이 된 크루는 나와 5년 이상 관계를 맺고, 과거에 함께 프로젝트를 진행했던 경험이 있는 이들이다. 그들도 비슷한 방식으로 크루원을 데려와 소개했다. 일을 진행하는 과정에서 다양한 이유로 팀을 떠난 사람도 있고 새롭게 합류한 사람도 있다.

가끔 개항로프로젝트에 어떻게 가입하느냐고 묻는 사람이 있다. 입회 원서가 있는지, 입회 조건은 어떻게 되는지 묻는다. 다양성을 추구해야 하기에 관심을 보이는 사람과 미팅을 하고, 잘 관찰한 다음 프로젝트에 참여시키기도 한다. 너무 잘 통해서 개항로프로젝트가 닫혀 있지 않은 것을 다행으로 여기게 될 때도 있지만, 한두 달 만에 대차게 싸우고 나가는 사람도 있어 괜한 에너지를 소모한 게 아닌가 후회될 때도 있다.

그래서 개항로프로젝트에서는 사람을 볼 때 실력과 가능성도 중요하지만, 어떤 가치관을 갖고 있는지 더 유심히 살핀다. 인원수나 자본으로 프로젝트를 추진하는 팀이 아니다 보니 사람을 잘 만나는 게 굉장히 중요하기 때문이다.

느슨한 조직의 수장이라는 책임감

개항로프로젝트에는 잘되는 공간도 있지만, 안되는 공간도 있다. 어떤 공간은 두 번 망했다. 처음 이탤리언 레스토랑으로 오픈했고, 술집으로 업종을 변경했지만 또 망했다. 주인장은 내가 좋아하는 형님이고, 나를 믿고 개항로에 합류했다. 함께 고민하면서 공간을 오픈했다. 나와 그 공간의 주인뿐 아니라 개항로에서 다른 공간을 운영하는 사람도, 그 공간을 함께 기획한 사람들도 책임감을 느낀다. 직접적으로 관여하지 않은 사람들도 개항로에 새로운 공간을 오픈할 때는 의견을 많이 낸다. 그래서인지 관계가 굉장히 끈끈하다. 개항로에서 장사하는 사람들은 이제 한 공간이 잘되면 전체가 혜택을 입지만, 반대로 하나가 잘못되면 전체에 영향을 끼치기도 하는 공생 관계라는 점을 잘 알고 있는 듯하다. 그럴수록 나의 중압감은 커진다.

얼마 전에 그 형님은 세 번째 공간인 '파랑새 방앗간'을 오픈했다. 아내의 가족이 인천에서 30년이 넘도록 방앗간을 운영하며 참기름을 짰는데, 장인어른이 돌아가시면서 집기와 장비를 옮기고, 그 방식대로 참기름을 짠다. 2층짜리 건물에 1층은 방앗간으로, 2층은 비빔밥집으로 만들었다. 1층에서 갓 짠 참기름을 들고 2층에 올라와 비빔밥을 비벼 먹는 콘셉트다. 모두의 바람대로 파랑새 방앗간은 잘 운영되고 있다.

대장의 무게를 견디라

예전에는 기대했던 대로 잘되지 않거나 망하면 부끄러웠다. 그래서 누군가 개항로프로젝트에서 망한 게 있냐고 물으면 쭈뼛거리며 어물쩍 넘겼다. 하지만 이제는 망하는 것은 부끄러운 일이 아니란 걸 안다. 망한 원인을 분석해 같은 실수를 반복하지 않는 게 중요하다. 지금 개항로프로젝트에서는 개항로에 점포 23개를 오픈했다. 망하는 게 없는 게 외려 이상한 일이다.

5

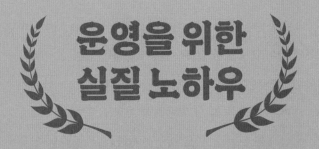

운영을 위한
실질 노하우

로컬에서 건물 고르기

로컬에서 공간을 중심으로 비즈니스를 시작하는 사람이라면 가장 신경 쓰이고 중요한 일 중 하나가 건물을 알아보는 일이다. 임대를 한다면 덜하겠지만 매입을 한다면 훨씬 신경 쓰이기 마련이다. 실제로 건물을 잘 골라 행복한 사람도 있지만, 건물을 잘못 선택해 낭패를 보는 경우도 비일비재하다. 그렇다면 건물은 어떻게 고르는 게 좋을까.

서사가 있는 건물

건물 자체가 역사성과 지역성을 가지고 있는, 즉 서사가 있는 건물은 카피되지 않는 기획을 하기에 좋다. 그래서 인테리어를 할 때도 과거의 흔적을 모두 지우기보다 특색 있는 부분을 살려 활용하는 이유다. 서사가 있는 건물 중에서도 탄탄하고 정성스럽게 지어진 건물이 근대식으로 지은 병원 건물이다.

개항로 카페 라이트하우스는 지역에서 유명한 산부인과였고, 브라운핸즈 개항로는 지역에서 규모가 가장 큰 이비인후과였다.

개항로 온면 전문점 개항면 역시 병원 건물이었다. 부산 카페 브라운핸즈 백제는 일제 강점기에 부산 최초로 지어진 근대식 개인 종합병원으로 국가등록문화재로 지정된 곳이다. 나는 왜 리모델링 대상으로 병원 건물을 좋아하는지 생각해 본 적이 있다. 고급 자재를 사용해 정성스럽고 튼튼하게 잘 지은 건물이기 때문이다. 의사가 되고자 하는 사람은 공부도 많이 해야 했지만 집안도 부유했을 가능성이 높다. 병원 건물 역시 공부를 많이 한 엘리트 건축가가 계획하고 건축했을 것이다. 다시 말해 근대에 지어진 병원 건물은 당시에 최고의 교육을 받은 재력가가 최고의 기술을 가진 건축가에게 의뢰해 최고급 자재를 사용해 만든 공간인 셈이다.

고급 자재로 정성스럽게 지은 건물

병원 건물은 좋은 재료, 즉 비싼 재료를 많이 사용한다. 부산 백제병원은 1930년에 일본에서 수입한 벽돌을 한국으로 들여와 건축을 했는데, 당시 부산에서 가장 화려한 병원으로 이름을 날렸다. 지금도 백제병원의 벽돌 외장재는 멋스러운 자태를 뽐내고 있다. 비싼 재료인 돌과 대리석 등으로 마감하면 내구성이 좋다. 시간이 흐를수록 더 멋스러워지는 것이다. 무엇보다 병원 건물은 튼튼하다. 건축을 모르는 사람이 보더라도 단단하게 지었다는 것을 느낄 수 있을 정도다. 건물이 튼튼하면 리모델링을 할 때 유리하다. 일부 벽을 부수고 공간을 확장하거나 창문을 커다랗게 만드는 경우가 있는데, 이때 위험 부담이 줄어든다. 장식성도 도드라진다. 건물에 장식이 많다는 것은 건축비가 많이 들었다는 의미이기도 하다. 브라운핸즈 개항로의 창틀은 깔끔하게 직선으로 마무리하지 않고 창틀마다 굴곡을 만들고 양각으로 표현했다. 실용성에 멋을 더해서 비용을 추가 지출했다는 것을 짐작할 수 있다. 인건비가 가파르게 상승하는 시대에 같은 효과를 주려면 큰 비용을 지불해야 할 것이다. 따라서 외장이 멋진 건물을 구입한다면 그만큼의 비용을 절약할 수 있다.

로컬에서는 건물을 매입할 때 건물의 가치는 보통 비용에 들어가지 않는다. 대부분 땅값만 비용으로 간주한다. 따라서 건물의 컨디션이 중요하다. 비싼 자재를 사용하고 인건비를 많이 들여 지은 건물을 매입한다는 것은 중고차를 살 때 차주가 가치를 몰라서 최상급 오디오 시스템이 설치되어 있는데도 보통의 중고차 가격에 내놓은 차를 구매하는 것과 같은 이치다.

용적률과 건폐율을 계산하라

• 건폐율: 대지 면적에 대한 건축 면적의 비율을 말한다.
• 용적률: 대지 면적에 대한 대지 안의 모든 건축물의 연면적 비율을 말한다.

지역에서 마음에 드는 건물을 발견했다면 지역 관공소 건축과에 용적률과 건폐율에 대해 문의하는 게 좋다. 용적률과 건폐율은 같은 조건이라도 지역마다 다르고, 도시계획조례마다 다르다. 공인 중개사가 고지했다 하더라도 반드시 직접 확인해야 한다. 법이 개정되었을 수도 있기 때문이다.

지역에서 마음에 드는 3층 건물을 발견했는데, 땅이 83제곱미터(25평)이고 층별로 66제곱미터(20평)씩이다. 건축과에서 건폐율이 20%이고 용적률이 80%라고 했다면 좋은 건물을 발견한 것이다. 현재 법을 적용해 동일한 대지에 건축할 경우 17제곱미터(5평)짜리 4층 건물을 지을 수 있기 때문이다. (실제로 17제곱미터짜리 4층 건물을 짓는다는 것은 불가능에 가깝다.) 앞서 설명한 건물은 과거 건축법을 적용해 지었기 때문에 지금도 유지가 가능한 경우다. 자본이 충분하다면 상관없지만, 건축 예산은 적고 땅값만 지불할 능력만 있다면 앞서 예로 든 건물은 상당히 유리하다고 볼 수 있다.

허가가 나와 있는 건물
로컬에서 숙박업을 하려면 숙박 허가가 나와 있는 건물의 사업자 등록증을 인수인계한다는 조건으로 매입(임대)하는 게 유리하고, 일반 음식점(식당, 술집)을 하려면 용도가 맞게 허가가 나와 있는 건물에서 시작하는 것이 유리하다. 최소한 비용을 줄일 수 있는 것은 물론이고 불가능한 것을 가능하게 하는 마법도 부릴 수 있다. 예를 들어 오래전부터 숙박업을 하고 있는 건물에서는 계속 숙박업을 할 수 있지만, 법률이 바뀌면서 그 지역에 더 이상 숙박 허가가 나오지 않는 경우가 있다. 이때 숙박업 허가증까지 인수인계하면 계속 영업할 수 있다.

술집도 마찬가지다. 건물에 이미 술집이 있는데, 법률이 바뀌어 그 지역에서는 더 이상 술집 허가가 나오지 않는 곳이 있다. 그 지역에서 술집을 하려면 허가증까지 넘겨받아야 술집을 할 수 있다. 가끔 말도 안 되는 곳에 음식점이 있고, 누가 봐도 절경인 바닷가에 허름한 횟집이 남아 있는 것도 이러한 이유 때문이다. 로컬에서는 가끔 이렇게 보석 같은 곳이 나오기도 한다.

인건비가 많이 들어간 건물

건물을 건축하려면 돈 들어갈 곳이 한두 군데가 아니다. 인건비가 많이 들어간 건물인지 아닌지는 건물의 디테일을 보면 구분할 수 있다. 나는 오래된 건물에 들어가면 습관적으로 난간을 살핀다. 인건비가 저렴하던 시절에 지어진 건물의 난간은 장식성이 강하다. 대부분 디자이너가 아닌 집 짓는 기술자의 솜씨다. 요즘 시대에 난간까지 장식한 건물은 매우 귀하다. 똑같이 재현하려면 너무 많은 비용이 들어 기회비용의 논리로 생략되기 때문이다.

과거에 지어진 건물은 난간의 크기와 형태, 구조 등이 지역·건물별로 달랐다. 하지만 요즘 짓는 건물 난간은 거의 비슷하다. 인건비가 증가했기 때문에 기능과 무관한 디테일에 더 이상 장식하지 않는 것이다.

그래서 옛날 건물은 마치 예술 작품처럼 느껴질 때가 있다. 만약 장식성이 강한, 디테일이 눈에 띄는 오래된 건물을 발견했다면 난간부터 유심히 관찰하고 절대 놓치지 말기를 바란다.

중정 또는 후원이 있는 건물

중정은 건물 안의 정원 또는 건물에 둘러싸인 마당을 말하고, 후원은 건물 뒤편에 있는 정원을 말한다. 우리나라에서 중정이나 후원이 있는 집은 흔하지 않다. 우리나라는 땅이 좁기 때문에 건물을 지을 때 여유를 남기지 않고 최대한 꽉 채워 짓고, 임대 소득을 올리기 위해 유휴 공간 없이 건물을 활용했다.

하지만 수요보다 공급이 많아진 지금은 건물 내부의 유휴 공간 활용이 건물의 매력을 좌우할 정도로 중요한 요소가 됐다. 게다가 2021년 식품의약품안전처는 휴게·일반·제과점 영업자가 '옥외 영업'을 할 수 있도록 허용하는 내용이 담긴 '식품위생법 시행 규칙'을 개정·공포했다. 이에 따라 2021년 1월 1일부터 옥외 영업을 할 수 있게 되자 중정과 후원, 옥상 등의 공간이 있는 건물의 수요는 더욱 높아졌다.

로컬에서 만약 중정이나 후원이 달린 건물을 발견했다면 그것도 변두리가 아닌 도심에서 발견했다면 멋진 보석을 발견했다고 생각해도 좋다. 중정이 있는 건물은 로컬에서도 점점 사라지고 있기 때문이다. 특히 요식업을 하는 사람은 이런 건물을 놓치면 안 된다. 건물에 커피를 마시거나 고기를 구워 먹으며 술을 마실 수 있는 야외 공간이 있다는 것은 다른 어떤 요소와 견주어도 결코 뒤지지 않을 만큼 매력적이니 말이다.

등기부 등본 확인은 필수

사기는 어디에나 존재한다. 마음에 드는 건물을 발견했다면 반드시 등기부 등본을 확인해야 한다. 용적률과 건폐율을 따져보고, 인가된 건물인지도 확인해야 한다. 도로에 접해 있는 건물을 구입했는데 법적으로는 도로가 아닌 곳이 있다. 부동산만 믿지 말고 매수 전에 서류를 면밀히 살펴봐야 한다. 건축물은 위치만큼 중요한 것이 크기다. 임대를 주더라도 같은 값이면 큰 건물을 구매하는 게 좋다.

부동산 임대 시 주의할 점

요식업을 하려면 정화조를 체크하라

지금은 건물을 지으려면 정화조 시설을 필수로 마련해야 하지만, 과거에는 그냥 땅으로 흘려보내는 경우가 많았다. 오래된 건물이 밀집한 개항로도 마찬가지였다. 허가를 받고 요식업을 하려면 정화조 시설이 필수다. 만약 오래된 건물에 입주할 계획이라면 정화조 시설이 있는지 확인해야 한다. 시설이 없는 건물이라면 정화조 시설을 건물주가 만들어줄 것인지 세입자인 내가 만들 것인지에 따라 임대 계약 조건을 달리해야 한다. 정화조 시설을 만들려면 적어도 500만~1000만 원이 추가로 들어간다. 정화조 시설이 있는데 월세가 비싼 것과 정화조 시설을 세입자가 추가해야 하는데 월세가 저렴한 것 중 어느 쪽이 나은지 꼼꼼하게 따져봐야 한다.

행정 기관에 문의하면 몇 리터짜리 정화조가 어디에 묻혀 있는지 확인할 수 있다. 정화조 크기 허용 범위는 음식점이나 술집, 서점, 잡화점 등 업종에 따라 다르고, 임대한 평수에 따라서도 다르니 반드시 체크해야 한다.

사업자 등록증을 물려받는 것이 베스트

누군가 사업을 하던 자리에 내가 들어가게 된다면 사업자 등록증을 그대로 물려받는 것이 가장 좋다. 사업자 등록증을 물려받으면 법적으로 지켜야 할 항목을 한 번에 통과할 수 있어 바로 사업을 시작할 수 있다. 만약 술집 자리에 다른 술집을 오픈할 계획인데, 먼저 살던 세입자와 미리 얘기가 되지 않아 폐업 신고를 했다면 나는 사업자 등록증을 받기 위해 여러 가지 검사를 받고 조건을 충족시키기 위한 활동을 해야 한다. 사업자 등록증을 넘겨받는 것은 불법이 아니다.

만약 오락실이나 노래방을 할 생각이라면 지역 행정 기관의 건축과에 문의해 주소를 대고 그 업종을 할 수 있는 지역인지 체크해야 한다.

개인기 비즈니스 vs 시스템 비즈니스

비즈니스를 운영하는 방법은 크게 두 가지로 나뉜다. 주인의 매력과 취향, 성격을 핵심 전략으로 사람을 끌어들이고 만족시키는 '개인기 비즈니스'와 운영자의 매력과 취향, 성격이 달라도 매뉴얼대로 움직여 항상 같은 품질의 서비스를 제공하는 '시스템 비즈니스'가 있다. 로컬에서 작은 공간을 운영할 때는 개인기 비즈니스가 유리하지만, 그것이 정답은 아니다. 철저하게 개인의 비즈니스 목표에 따라서 운영 방식을 정하면 된다.

숙박업의 개인기 비즈니스 vs 시스템 비즈니스

개인기로 제주도에서 독채 펜션을 운영을 한다면 주인장은 계절에 따라 펼쳐지는 들꽃을 준비해서 화병에 담아서 테이블에 올려둔다. 손님이 남긴 예약 글에서 할아버지와 할머니를 모시고 여행 온다는 정보를 얻어 특별한 노트를 남긴다. 평소 펜션의 주변 환경과 실내 환경을 업데이트하면서 인테리어 밀도를 높인다. 그리고 필요하다면 손님이 남긴 도착 예정 시간에 숙소 근처에 머물다가 인사를 건넨다. 숙박하는 팀의 구성을 확인하고, 그들이 머무는 동안 가끔 방문해 불편한 것이 없는지 체크한다. 겨울이라면 귤을 바구니에 담아 식탁에 올려놓기도 한다. 이것이 개인기를 바탕으로 둔 제주 독채 펜션 운영 방식의 예다. 자기만 가지고 있는 매력과 서비스로 비즈니스를 이끄는 것이다.

시스템으로 제주 독채 펜션을 운영한다면 손님의 나이, 성별, 팀의 구성과 관계없이 누구나 만족할 수 있는 환영 메시지를 준비한다. 주변 환경과 실내 환경은 시간의 흐름에 따라 밀도를 높이기보다 현재의 컨디션을 최상의 상태로 유지·관리하기 위한 전략을 세운다. 되도록 고객과 마주치지 않도록 동선을 고려해야 하며, 서비스를 제공하는 개체가 바뀌어도 같은 품질의 서비스를 제공할 수 있도록 예외의 상황을 만들지 않아야 한다. 이것이 시스템을 바탕으로 둔 제주 독채 펜션 운영 방식의 예다. 모든 고객에게 같은 품질의 서비스를 제공하는 것이 핵심이다.

개인기를 시스템화할 수 있을까

예전에는 단순히 공간이 예쁘고 풍경이 좋은 숙소를 택했지만, 요즘은 고객들도 그곳에 머물며 어떤 경험을 할 수 있는지를 중요하게 여긴다. 누군가는 개인기로 운영되는 독채 펜션에서 받는 주인의 섬세한 서비스를 좋아하고, 누군가는 브랜드 호텔에서 제공하는 매뉴얼화된 서비스를 선호한다. 서비스 제공자의 성향과 고객의 취향이 맞을 때 소비가 일어나는 것이다.

로컬에서 스몰 비즈니스로 숙박업을 한다면 개인기를 바탕으로 비즈니스를 전개하는 것이 유리하다. 시스템으로는 대형 브랜드 호텔과 경쟁이 불가능하다. 물론 개인기를 바탕으로 한 독채 펜션 운영 방식을 시스템화할 수도 있다. 하지만 인건비 비중이 지나치게 높아져 배보다 배꼽이 더 커지기 쉽다. 개인기를 바탕으로 한 고차원적 서비스를 시스템화하려면 숙련된 직원을 양성해야 한다. 숙련된 직원의 잦은 이탈은 가장 큰 위험 요소가 될 것이다. 따라서 스몰 비즈니스 영역에서는 개인의 취향을 바탕으로 둔 개인기를 시스템화하는 것이 사실상 불가능하다.

오너 셰프 vs 프랜차이즈

개인기를 기반으로 한 운영 방식의 정점은 '오마카세'를 제공하는 오너 셰프의 음식점이다. 셰프는 날마다 다른 식재료를 준비하고, 손님 개개인의 취향을 고려해 조리법을 변주한다. 그날 선택한 재료에 맞춰 음식을 만들되, 음식의 궁합을 고려해 새로운 조합을 만들어낸다. 적절한 대화와 음식 소개, 퍼포먼스까지 제공한다. 살가운 서비스를 부담스러워하는 손님에게는 적절한 거리를 유지하며 서비스하는 것도 중요하다. 그 공간에서 손님들은 음식뿐 아니라 셰프가 제공하는 기술, 대화, 퍼포먼스, 취향, 가치관, 음식에 대한 철학을 즐긴다.

프랜차이즈 음식점의 경우에는 지역과 시간, 계절에 관계없이 언제나 똑같은 음식을 즐길 수 있다. 어느 매장을 가더라도 수저통과 냅킨의 위치가 같고, 물과 반찬을 서비스하는 방식이 같아 익숙하다. 익숙하게 서비스를 즐길 수 있다는 것은 큰 장점이다. 이것이 프랜차이즈 시스템의 힘이다.

자신을 알아야 방향을 잡을 수 있다

스타벅스는 전 세계 어느 매장이든 같은 서비스를 제공한다. 도요코인도 마찬가지다. 스타벅스와 토요코인에서 제공하는 평준화된 서비스를 선호하는 사람이 있고, 주인의 취향이 담긴 개인 카페와 숙소에서만 누릴 수 있는 경험과 서비스를 선호하는 사람이 있다. 마찬가지로 서비스 제공자 역시 개인기 비즈니스가 어울리는 사람이 있고, 시스템 비즈니스가 어울리는 사람이 있다. 사업을 시작하기 전 자신이 어떤 쪽에 가까운 사람인지 아는 게 중요하다.

개인기 비즈니스와 시스템 비즈니스를 결정할 때 고려해야 할 것은 자신의 꿈과 비전이다. 만약 자신의 이름이나 브랜드를 건 가게가 전국에 생기기를 원한다면 기획 단계부터 철저하게 시스템화를 고려해 비즈니스를 설계해야 한다. 하지만 비즈니스 규모를 확장하는 것보다 기획자·운영자·전문가로서의 신뢰와 평판을 더 중요하게 여긴다면 개인기 비즈니스를 준비하는 게 맞다.

비즈니스를 시스템화한다고 수익이 더 좋은 것도 아니고 개인 기화한다고 수익이 더 나쁜 것도 아니다. 물론 자신의 브랜드가 샤넬이나 파타고니아가 돼 대한민국을 넘어 전 세계를 상대로 비즈니스를 하게 된다면 시스템화하는 쪽의 수익이 훨씬 높겠지만, 로컬에서 스몰 비즈니스를 기획하는 단계에서는 하지 않아도 되는 고민이다. 현실적인 감각으로 오히려 자신의 꿈과 비전을 고려해서 준비하는 게 낫다.

규모의 성장이 능사는 아니다

한 가게에서 올릴 수 있는 매출은 한정적이다. 요식업의 경우 테이블을 늘리려면 점포 확장이나 2호점 오픈을 하는 방법을 고민하게 된다. 그런데 사람마다 매력이 미치는 범위가 다르다고 하니 변화를 주는 것이 겁난다. 그렇다면 개인기 비즈니스를 하면서 매출을 늘리려면 어떤 노력을 해야 할까.

개인기에서 시스템 비즈니스로 전환할 수 있을까

잘나가던 식당이 두세 개로 점포를 늘린 다음 망하는 경우가 있다. 인테리어를 깔끔하게 바꿨는데 망하는 경우도 있고, 대기하는 손님이 많아 옆집을 사서 공간을 확장했는데 망하는 경우도 있다. 바뀐 것은 공간인데, 서비스 질이 달라졌다며 불만을 토로하는 사람도 생긴다. 공간의 규모나 인테리어가 바뀌면서 주인의 취향이 전달되지 않기 때문이다. 다시 말해 매력이 떨어진 것이다.

　좁은 공간에서 주인장이 부지런히 움직이면서 모든 테이블을 살피고 손님이 부족한 것을 말하기 전에 서비스해 주는 것이 그 식당의 매력이었을 것이다. 그런데 공간이 넓어지면서 주인장이 아무리 열심히 일해도 눈에 띄지 않고, 주인장이 모든 테이블을 살필 수 없으니 손님들은 서비스의 질이 변했다고 느낀다.

흔히 하는 착각 중 하나가 취향으로 움직이는 비즈니스가 발전해 계단식으로 성장하면 시스템화된다고 믿는 것이다. 이런 착각 때문에 핵심 전략이 개인기인 스몰 비즈니스 업체 대표가 공간을 확장하거나 점포 수를 늘린다. 개인기 비즈니스에서는 규모로 성장 여부를 판단하면 안 된다. 장사가 잘돼 점포를 2개로 늘린 것을 사업이 1단계에서 2단계로 성장했다고 착각하면 안 된다.

규모가 아닌 깊이를 확장하라

뛰어난 몇몇은 점포 수를 늘려도 무방하다. 그들의 취향은 소비자에게 철학으로 전달돼 팬덤을 형성한다. 애플, 파타고니아, 나이키 같은 브랜드들의 얘기다. 하지만 대부분의 사람들은 매력이 미치는 범위가 그리 넓지 않다. 따라서 외형 확장으로 사업을 업그레이드하는 데는 한계가 있다.

개인기 비즈니스를 하면서 일평균 100만 원의 매출을 올리고 있는데 200만 원으로 올리고 싶으면 어떻게 해야 할까. 점포를 하나 더 내면 내 매력이 미치는 범위를 넘어가 지금 운영 중인 점포의 미래도 불분명해진다. 이런 경우에는 외형 확장이 아니라 판매 루트를 다각화하거나 이벤트를 진행해 잠재 고객의 범위를 확장해야 한다. 향수 가게라면 매장을 넓히는 대신 온라인으로 판매 루트를 확장하는 것을 고려하면 된다. 그리고 다른 루트를 통해 향을 전달할 수 있는 방법을 고민해 봐야 한다. 비슷한 취향을 가진 사람이 운영하는 숙박업소나 옷가게, 카페 등에서 향을 체험할 수 있도록 협업하는 것도 방법이다. 무조건 규모를 확장하는 것이 능사는 아니다.

개인기 비즈니스와 시스템 비즈니스는 전개 방식이 완전히 다르다. 개인기 비즈니스를 시스템화하는 것은 매우 어려우니 처음 사업을 기획할 때부터 자신의 성향과 욕망을 잘 파악한 뒤 결정해야 한다.

두 운영 방식의 특질을 살펴 비율을 조절하라

개인기 비즈니스와 시스템 비즈니스의 장단점을 비교하는 것은 무의미하다. 완전히 다른 방식의 비즈니스이기 때문이다. 그렇다고 사업을 할 때 둘 중 하나만을 택해야 하는 건 아니다. 100% 개인기 비즈니스에 어울리거나 시스템 비즈니스에 어울리는 사람은 흔치 않다. 따라서 두 비즈니스의 특질을 잘 살펴보고, 자신의 꿈과 성향에 맞게 개인기와 시스템의 비율을 조정하는 것이 중요하다.

다시 말해 개인기 비즈니스 vs 시스템 비즈니스를 결정할 때는 가장 먼저 내가 어떤 비즈니스와 어울리는 사람인지 알아야 한다. 그러고 나서 자신의 꿈과 비전이 무엇인지 진지하게 고민하고 결정해야 한다. 마지막으로 자신의 성향과 꿈을 고려해 개인기와 시스템의 적절한 비율을 찾고 결정해야 한다.

지금 가장 유용한 온라인 마케팅 도구는 인스타그램

로컬에서 사업을 한다는 것은 물리적인 거리 개념을 극복하겠다는 전제가 깔려 있다. 서울은 수도권 인구를 포함해 잠재 고객이 2000만 명이 넘는다. 하지만 로컬은 물리적인 거리 내에 그만한 인구가 없다. 그럼에도 로컬을 택했다는 것은 기꺼이 거리를 뛰어넘을 각오가 되어 있다는 의미다. 가장 확실한 도구가 인터넷이다. 인터넷에 연결해 내가 의지만으로 할 수 있는 것은 소셜 미디어 계정을 운영하는 것이다. 소셜 미디어에도 유행이 있다. 트위터와 페이스북을 거쳐 이제는 인스타그램과 유튜브로 넘어왔다. 동영상 편집은 기술이 필요한 반면 사진 편집은 앱 내에서 제공하는 기능만으로 누구나 할 수 있기 때문에 요즘에는 사업자들이 주로 인스타그램 계정을 운영한다.

인스타그램 계정을 꼭 운영해야 할까

50대 이상의 사업자들이 가끔 질문한다. "인스타그램 꼭 해야 하나요?" 나는 "당연히 해야 합니다"라고 답한다. 왜 저런 질문을 했는지 이해한다. 인터넷이 익숙하지 않은 세대이고, 흥미도 없고, 잘할 자신도 없기 때문이다. 그들은 상품과 공간이 매력적이라면 입소문이 나서 손님이 알아서 찾아올 거라고 믿기에 인스타그램 계정을 운영하는 게 인위적으로 느껴져 거부감이 들 것이다. 강하게 거부감을 표현하는 상대가 그냥 상담을 요청한 개인 사업자라면 "휴대폰에 앱을 깔고 다른 사람들이 하는 것을 지켜보기라도 하라"고 말해 주지만, 협업 중인 상대가 거절한다면 프로젝트를 계속 함께 진행할 것인지 고민하게 된다. 그만큼 로컬의 소규모 사업자에게 인스타그램은 중요한 도구다.

인스타그램은 소통이 도구이자 팬덤의 진원지

인스타그램 계정을 반드시 운영해야 하는 몇 가지 이유가 있다. 일단 사람들과 쉽게 소통할 수 있고, 팬덤을 형성할 수 있으며, 주변 동향을 파악하고, 쉽게 의견을 전달할 수 있기 때문이다. 어떠한 인터넷 소통 채널보다 저렴하고, 시간도 적게 들며, 비전문가도 할 수 있다는 장점이 있다. 그래서 인스타그램이 중요하다. 만약 마케팅 예산이 넉넉하고, 전문가적 소양(영상, 음악, 촬영 등)을 갖추고 있으며, 사람들의 시선을 끌 자신이 있다면 인스타그램을 포함한 유튜브, 블로그, 페이스북 계정도 함께 운영할 것을 추천한다. 그렇지 않다면 인스타그램 계정만 제대로 운영해도 좋다.

궁극적으로 사업자가 인스타그램 계정을 운영하는 이유는 고객들과 소통하기 위해서다. 그런데 인스타그램을 운영하다 보면 멋있게 보이고 싶을 때가 있다. 그래서 멋있어 보이는 글귀가 있으면 뜻도 이해하지 못한 채 짜깁기해 업로드한다. 아무도 모를 것 같지만 모두가 눈치챈다. '멋있는 척하는구나', '뜻도 모르면서 글을 쓰는구나'라고.

또한 팔로잉 계정은 연예인처럼 한 자릿수를 유지하고, 댓글을 쓰지 않은 채 '좋아요'만 누르는 것이 힙하다고 생각하는 경우도 많다. 모두 착각이다. BTS나 블랙핑크 같은 연예인급이 아니라면 절대 삼가야 할 행동이다. 다시 한번 생각하자. 인스타그램은 소통을 위한 도구다. '멋진 나'에 취한 채로 소통하는 건 거의 불가능하다. 인스타그램은 로컬에서 사업하는 사람들이 물리적 거리를 극복할 수 있는 거의 유일한 도구라는 사실을 잊지 말자.

인스타그램 활용법

매체의 성격에 맞는 화법을 익히라

대기업에서 강연 요청 메일을 받았다. 메일에는 "우리는 열심히 일하는데 사람들이 우리가 무슨 일을 하는지 아무도 몰라요"라고 적혀 있었다. 강연 주제는 효과적인 기업 마케팅. 강연을 준비하면서 기업 홈페이지와 소셜 미디어 계정, 정기 간행물 등을 모두 찾아 읽었다. 기업도 방문했다. 해당 기업은 대학생들이 선망하는 주요 기업 중 하나다. 성적이 우수하고 스펙이 좋은 사람들만 입사할 수 있다. 재정도 탄탄하고, 사회 공헌 활동에도 진심이었다. 분위기도 활기찼다. 그 분위기가 홈페이지나 소셜 미디어에 전달된다면 기업 이미지는 훨씬 좋아질 것 같았다.

물론 문제가 있다. 기업의 모든 공식 채널이 '논문체'로 운영된다는 점이다. 마치 소통하길 거부하는 것처럼 모든 문장이 지루하고 딱딱했다. 미디어는 매체마다 '먹히는' 화법이 있다. 홈페이지에서 정중한 문장을 사용했다면 유튜브 채널과 소셜 미디어에서는 조금 더 친근한 문장을 사용해도 된다. 소통하는 방법만 바꾼다면 기업의 인지도와 호감도가 훨씬 높아질 것이다.

중요한 것은 진실되게 포스팅하는 것

인스타그램 계정을 운영하다 보면 잘 알지 못하는 주제에 대해 글을 쓸 때가 있다. 어쩐지 아는 척을 해야 할 것 같고, 나도 한 마디 보태야 할 것 같은데, 평소에 관심 있는 분야가 아니라면 정보를 검색해 마치 원래 알던 얘기처럼 글을 작성해 포스팅한다. 타인의 의견이 자신의 것인 양 훔치는 행위도 서슴지 않는다. 아무도 모를 것 같지만 모두 티가 난다. 묘하게 어색하고 이해되지 않기 때문이다. 이런 상황이 반복되면 팬과의 소통에 문제가 생긴다. 특히 팔로워가 급격히 늘 때 멋있어 보이고 싶은 욕망이 비대해진다. 과감하게 잘라내야 한다.

우리 모두는 각자의 분야에서 전문가다. 자신의 생각과 느낌을 있는 그대로 솔직하게 표현해도 충분히 멋있다. 진실해야 상대에게 잘 전해지는 법이다. 문장이 성글고 표현도 촌스럽고 맞춤법도 틀리고 문맥도 이상한데 이상하게 울림을 주는 글이 있다. 주로 할머니나 어린아이가 쓴 글이 그렇다. 왜 완성도 낮은 문장에 감동을 받는지 생각해 보면 그 글에는 진심이 담겨 있기 때문이다. 인스타그램 계정을 운영할 때도 진심을 담아 솔직하게 포스팅을 작성해야 한다.

기본적으로 인스타그램에 적는 글은 길면 안 읽는다. 되도록 짧게 정리해야 한다. 문장은 유려하지 않아도 괜찮다. 나는 인스타그램에 포스팅하기 전 메모장에 글감을 모으고 정리한 다음 글을 써서 편집하고 여러 번 퇴고한다. 마지막으로 맞춤법 검사기에 돌려 오탈자를 수정한다. 그리고 멋있어 보이고 싶어서 쓴 문장을 모두 뺀다. 의도가 담기지 않은 형용사도 모두 삭제한다. 군더더기 없이 담백한 글일수록 진실성이 잘 드러나기 때문이다.

맞팔로우하고 모든 댓글에 대댓글을 남겨라

인스타그램 게시물에 댓글이 달렸다는 것은 고객이 먼저 말을 걸어준 것과 같다. 아무런 반응도 하지 않는다면 손님이 문을 열고 가게에 들어왔는데 응대를 하지 않은 것과 마찬가지다. 최대한 성의 있게 대댓글을 남겨야 한다. 맞팔로우도 마찬가지다. 고객이 먼저 나의 계정을 팔로우했다면 상대의 계정을 둘러보고 게시물에 좋아요를 누른 다음 맞팔로우하는 것이 좋다. 물리적인 거리를 뛰어넘어 고객과 소통하고, 사업을 성공으로 이끌기 위해 팬덤을 형성하기 위해 인스타그램 계정을 운영한다는 사실을 잊으면 안 된다. 팔로워를 0으로 유지하는 것은 일방적으로 정보를 제공만 하겠다는 의미인데, 이 경우는 유명 연예인이나 유명한 브랜드를 제외하고 잘 운영되는 계정이 없다.

물론 순수 창작 영역에서 일하는 예술가나 작가라면 그래서 인스타그램 계정을 사업적인 소통 창구로 사용하지 않아도 된다면 맞팔을 안 해도 되고, 댓글을 안 달아도 된다. 하지만 1931년생인 박서보 선생님도, 일본의 앤디 워홀이라 불리는 무라카미 다카시도 인스타그램 계정을 운영한다.

시간 순서 그리고 일주일 치 내용

소재가 고갈돼 인스타그램에 더 이상 업로드할 게 없다는 말을 하는 사람도 많다. 개인 계정은 즉흥적으로 사진을 찍고 글을 써서 포스팅해도 되지만, 사업 계정이라면 좀 더 체계적으로 운영해야 한다. 방송국 피디가 프로그램을 구성하듯 정교하게 포스팅 계획을 세우자.

일단 고객에게 전달하고 싶은 내용을 주제별로 나눠보자. 그리고 각각의 주제에 대한 토픽 몇 가지를 작성해 두자. 일주일에 5일 정도 매일 같은 시간에 포스팅하는 것이 유리하다. 작성해놓은 토픽을 매일 다른 주제에서 하나씩 꺼내어 포스팅한다면 지속적인 콘텐츠 확보가 가능해진다.

개항로프로젝트 인스타그램은 5년째 내가 직접 운영하고 있다. 소재가 고갈되지 않고, 팔로워들의 흥미를 자극하면서 개항로프로젝트의 화제성을 유지하기 위해 나만의 루틴을 만들었다. 노포, 개항로젊은사람, 개항로이웃사람, 이벤트 등으로 카테고리를 나누고, 수시로 각 카테고리에 맞는 토픽을 모아 메모장에 메모해 둔다. 시간 날 때마다 각각의 토픽에 대한 글을 작성하고, 정해진 시간이 되면 정리해 둔 글을 하나씩 뽑아 업로드한다. 시간이 없어서, 쓸 말이 없어서 못 한다는 것은 핑계다. 나는 개항로 프로젝트 계정 외에도 마계인천 계정을 직접 운영하고 있다. 같은 방식으로 글감을 모으고 정리해서 정해진 시간에 업로드한다.

오전 11시 30분, 오후 6시에 포스팅

포스팅 순서를 정하는 것도 중요하다. 강-약-중강-약 같은 밸런스 조절이 필요하다. 오늘 쇼킹한 콘텐츠를 포스팅했다면, 내일은 비교적 잔잔한 콘텐츠를 업로드해 템포를 조절하자. 즉각적인 반응에 취해 강-강-강-강 콘텐츠만 업로드하다 보면 콘텐츠 생산자도 소비자도 쉽게 지치게 된다.

기왕이면 이용자가 많은 시간대에 포스팅해 노출 가능성을 늘리는 것이 좋다. 평일은 오전 11시 30분부터 낮 12시 사이가 가장 좋다. 직장인들이 점심 메뉴를 고민하며 준비하는 시간이다. 퇴근 시간인 오후 6시부터 8시 사이도 좋다. 버스와 지하철로 이동하면서 소셜 미디어에 가장 많이 접속하는 시간대다. 실제로 오전 11시 30분과 오후 6시에 가장 많은 사람들이 인스타그램 계정에 사진을 업로드한다.

가족사진, 특히 아이 사진 업로드 금지

사업 아이템이 아이나 가족 관련된 것이 아니라면 인스타그램 계정에 가족사진과 아이 사진은 업로드하면 안 된다. 직장 상사가 시간과 장소를 구분하지 않고 휴대폰에 저장된 자신의 아이 사진을 보여주면 어떤 기분일까. 자신이 좋아하는 브랜드나 공간 계정도 마찬가지다. 고객이 알고 싶은 정보는 당신의 아이나 가족 행사 소식이 아니다. 공사를 구분해야 한다. 특히 MZ 세대를 타깃으로 하는 사업이라면 더욱 조심해야 한다. 뜬금없이 등장하는 가족 행사 사진, 가족 여행 사진, 아이 사진, 조카 사진, 부모님 사진은 특별한 목적이 없다면 모두 차단 감이다.

서사를 가지고 글을 쓰라

한동안 아이돌 그룹 멤버를 뽑는 오디션 프로그램이 인기였다. 방송을 통해 개인이 성장하는 모습을 보여주고 팬덤을 형성해 데뷔와 동시에 음악 차트에 올리는 방식이다. 오디션 프로그램의 형식은 대형 기획사에서 미션을 주고 주간 평가나 월간 평가를 하는 것과 크게 다르지 않다. 하지만 비공개로 진행되는 대형 기획사의 평가와 달리 오디션 프로그램은 모든 과정이 공개된다. 요즘은 후자로 데뷔하는 팀의 성공 확률이 높은 편이다.

과정 생략하고 결과를 보여주는 방식도 좋지만, 스몰 비즈니스라면 과정을 공유해 서사를 만들며 팬덤을 형성하는 것도 좋은 방법이다. 만약 공간을 오픈할 예정이라면 요즘 무슨 생각을 하는지, 생각을 담아낼 공간이 필요한데 왜 그 공간으로 결정했는지, 내 생각을 가장 잘 표현해 줄 업체를 어떻게 찾았는지, 공사를 진행하며 어떤 점이 가장 힘들었는지, 난관은 어떻게 극복했는지, 창업의 전 과정에 참여하며 언제 보람을 느끼는지 등등 오픈 과정의 서사를 인스타그램 계정을 통해 공유할 수 있으면 좋다. 메뉴 개발 과정, 단골손님이 생기기까지의 이야기, 이웃과 관계 맺는 방법 등을 공개하다 보면 자연스럽게 팬덤이 형성된다. 이렇게 공간의 서사와 주인장 생각의 흐름을 공개하는 것은 매우 중요하다. 인스타그램에 자신의 취향과 생각, 공간의 콘셉트, 세계관 등이 자연스럽게 노출되며 자연스럽게 고객과 소통할 수 있는 접점이 될 것이다.

계정 운영은 대표가 직접 할 것

소셜 미디어는 고객과의 접점이다. 그런데 신기하게도 어느 조직이든 조직의 막내에게 계정 운영을 시킨다. 과연 조직의 막내가 조직이 가지고 있는 철학과 비전을 전달할 수 있을까? 게다가 조직의 막내는 자주 바뀐다. 막내가 퇴사하거나 새로운 막내가 들어오면 인수인계해 또 다른 막내가 계정을 운영한다. 막내에게 계정 운영을 맡기는 이유는 간단하다. 중요하지 않은 일이라고 여기기 때문이다. 계정 운영은 조직의 철학과 비전을 전달할 수 있는, 들고 남이 없는 조직의 대표가 해야 한다. 열심히 계정을 운영하는데 계정이 성장하지 않는다면 대표가 1년 동안만 직접 운영해 보길 바란다. 결과가 달라질 것이다. 막내가 일을 못해서 계정이 성장하지 못하는 것이 아니라 그만큼 열정적이지 않기 때문에 성장이 멈춰 있을 가능성이 있다.

인스타그램 팔로워 늘리는 법

1. 경쟁 관계에 있는 계정을 주시하라

인스타그램 계정을 만들고 가장 먼저 할 일은 팔로워를 늘리는 일이다. 돈을 주고 팔로워를 사면 티가 난다. 팔로워 수는 많은데 댓글이 없고 좋아요가 없다. 팔로워를 늘리는 가장 좋은 방법은 나와 경쟁 관계에 있는 인스타그램 몇 개를 설정하고, 그 계정에 댓글을 다는 계정을 팔로우하는 것이다. 댓글을 쓰는 사람은 충성도가 높은 팬이다. 그 계정을 타고 들어가 게시물에 좋아요를 누르고 댓글도 몇 개 쓴 다음 팔로우하면 맞팔로우할 가능성이 굉장히 높다. 어떤 소비자가 나와 경쟁 관계에 있는 계정을 팔로우했다면 내 사업에 관심이 있다는 의미다. 나를 팔로우할 가능성이 높다.

2. 주변 가게의 계정을 주시하라

내 주변에 있는 가게를 팔로우하거나 댓글을 쓰는 사람이라면 물리적으로 나와 가까운 거리에 있을 확률이 높다. 내 주변 가게를 팔로우하고, 그 계정을 타고 들어가 게시물에 좋아요를 누른 다음 댓글을 쓰고 팔로우하면 맞팔로우할 가능성이 높다. 그렇게 미래의 고객과 온라인으로 소통하고, 그 고객이 오프라인 매장에 들렀을 때 친절하게 응대하면 팬, 즉 단골이 되는 것이다.

그러나 온라인에서의 경험과 오프라인의 경험이 다르다면 실망하게 된다. 계정 운영을 막내 직원에게 맡기면 안 되는 이유다. 분명 인스타그램의 말투는 MZ 세대였는데, 직접 와보니 50대 아저씨가 손님을 맞는다면 괴리감이 생긴다. 온라인으로 소통하다가 오프라인 매장을 방문한다는 것은 연장된 경험을 하기 위해서라는 것을 잊지 말자.

이웃과의 조합으로 마케팅하라

당신이 개항로프로젝트의 멤버로 들어와 카페를 오픈했다고 치자. 성공할 수 있을까? 개항로에는 이미 '라이트하우스'나 '브라운핸즈 개항로' 같은 인스타그래머블한 카페 성지가 있고, 먼저 자리 잡고 단골을 확보한 카페도 많다. 이런 경우에는 어떤 전략이 필요할까.

오프라인 마케팅 전략

몇 가지 가정을 더 해보자. 당신의 가게는 개항로프로젝트에서 운영하는 음식점 맞은편에 자리 잡았다. 음식점 세 군데에서 나오는 월 매출이 1억 5000만 원이라면 당신은 그 음식점에서 식사를 마치고 나오는 손님의 5%만 잡아도 월세 걱정을 덜게 된다. 그 5%를 잡을 전략이 필요하다.

  나라면 가장 먼저 음식점에 찾아가 양해를 구하고, 카페를 홍보하는 판넬을 붙여도 되는지 물어볼 것이다. 음식점 사장님들은 같은 개항로프로젝트 멤버의 부탁이니 웬만하면 들어줄 것이다. 그리고 음식점에 붙은 홍보 판넬을 보고 카페에 손님이 왔다면 이제는 그 손님들이 밥을 먹기 위해 개항로에 오는 게 아니라 자신의 카페에 들르기 위해 개항로에 오도록 만들어야 한다. 쉬운 일은 아니다. 당신이 세계 바리스타 대회 챔피언 출신이라 최고의 에스프레소를 추출하거나 당신의 카페에서 판매하는 빵이 엄청나게 유니크해 인스타그램을 타고 소문이 나지 않는 이상 불가능해 보인다. 당신 카페의 경쟁력은 어떻게 키워야 할까.

이웃과의 협업 방안 모색

가장 현실적인 방법은 좀 더 눈에 띄는 홍보 판넬을 만들어 맞은편 음식점에 붙이고, 그 음식점 영수증을 제시하면 할인을 해주는 방식이다. 단골 유치를 위해 10+1 쿠폰 같은 걸 발행해도 괜찮다. 그런데 정말 이 순서를 따르면 될까.

모든 것은 당신 중심으로 생각한 결과다. 이 마케팅 방법의 핵심은 맞은편 음식점 사장님이 당신의 부탁을 들어줘야 진행이 된다. 음식점은 식사 시간에 손님이 한꺼번에 몰려왔다 썰물 빠지듯 빠진다. 바쁜 시간에는 정말 눈코 뜰 새가 없는데, 음식점 사장님이 계산하는 손님에게 맞은편 커피숍에서 식사 영수증을 제시하면 할인을 받을 수 있다고, 그곳 커피와 베이커리가 정말 맛있다고 홍보를 대신해 줄까.

상대방을 변화시키지 않은 채 변화를 만들라

당신이 당장 해야 하는 일은 음식점 대표님이 아무것도 하지 않아도 당신 카페의 쿠폰과 전단지가 손님들에게 전달되는 방법을 고민하는 것이다. 앞서 협업의 방법에서 강조했던 '상대방을 변화시키지 않고' 일을 하는 것이다. 많은 사람들이 일을 할 때 자기중심적으로 생각한다.

쿠폰은 영수증을 줄 때 같이 주는 게 가장 손이 덜 가는 방법이다. 이걸 행동으로 옮기는 방법을 고민해 보자. 이 과정에서 가장 편해야 할 사람은 고객이 아니라 음식점 사장이다. 손님이 쿠폰을 받아서 버리지 않고 보관하도록 만드는 건 그다음 단계에 고민할 문제다. 가장 흔한 방법은 손님이 필요로 하는 물건을 제공하는 것이다. 이쑤시개나 물티슈, 손 소독제, 사탕 같은 홍보물이 그 예다. 물론 손님들이 자발적으로 가져간다는 전제 아래 눈에 잘 띄는 곳에 놓아둘 수 있도록 음식점 사장님의 허락도 받아야 한다.

기록이 쌓여 서사가 되고 팬덤이 된다

무명의 일러스트레이터 비플은 매일 그린 그림 5000장을 NFT 로 묶어 경매에 내놓아 6930만 달러에 낙찰됐고, 인도네시아의 한 대학생은 5년간 찍은 셀카 수백 장을 NFT로 팔아 100만 달러 넘게 벌었다. 평범한 기록은 쌓이면 역사가 되고 가치가 생긴다. 가게를 오픈하는 과정을 인스타그램에 공유하면 그 자체로 서사 가 되고 팬덤이 형성된다.

나는 프로젝트를 진행할 때마다 사소한 것들도 모두 기록하는 편이다. 사진과 동영상으로 찍고 글로 정리한다. 영국 유학 시절 에 배운 것이다. 영국 사람들은 정말 사소해 보이는 걸 기록했다. 아무리 기록이 중요하다지만 저렇게까지 해야 하나 갸우뚱할 정 도로 사소한 자료를 모았다. 그런데 시간이 지나고 자료가 축적 되니 가치가 엄청나게 높아졌다. 마차가 다니던 1800년대 런던 거리를 촬영한 사람은 이렇게 후대에 전해져 세계인이 언급하게 될 줄 몰랐을 것이다.

박사 과정을 밟을 때는 교수님과 나와 친구가 잡담 모임을 만들었다. 뚜렷한 주제 없이 만나서 대화하고 다양한 주제로 토론하는 모임이었다. 6개월쯤 지나 2명이 합류했고, 외국인 교수님이 오자 국제 모임이 됐다. 그저 잡담하는 모임인데 인원이 늘고 외국인이 합류하면서 국제 학술회 같은 이름이 붙었다. 처음에는 낯간지러웠는데 시간이 지나 사람이 계속 불자 정말 그 모임은 국제 학술회처럼 운영됐다. 모일 때마다 사진을 찍고 자료를 남겼다. 이것이 영국인들의 힘인가 싶었다.

자료를 남기고 기록을 정리하는 것은 정말 중요하다. 프로젝트를 진행할 때마다 기념사진을 찍는 후배가 있다. 처음에는 조금 촌스럽게 느껴졌지만, 그것이 쌓여 우리들의 역사가 된다는 것을 알기에 요즘에는 최선을 다한다. 비플의 그림과 인도네시아 대학생의 사진처럼 시간이 축적된 아카이빙은 그 자체로 가치가 있기 때문이다.

로컬에서 공간을 운영하고 싶은데 가진 것도 보여줄 것도 없다면 오픈 과정을 소소하게 사진으로 찍어 인스타그램 계정에 공유해 보자. 동영상 툴을 다룰 줄 안다면 유튜브 채널에 브이로그 형식으로 기록하는 것도 좋다. 서사를 만들고 팬덤을 형성하는 데 도움이 될 것이다. 그리고 스스로 미디어가 되어 나는 물론이고 다른 사람들을 돋보이게 만들어준다면 관계 맺기도 훨씬 쉬울 것이다.

직관적으로 사고하고 행동하라

많은 자영업자들이 생각보다 쉽게 창업하고 쉽게 망한다. 시간과 돈을 버리고 마음까지 다치는 일이니 안타까운 마음이다. 개항로프로젝트가 미디어의 주목을 받으면서 창업 교육 현장에 초대되는 일이 많다. 많은 경우 '2주간의 교육 과정을 수료하면 누구나 전문가가 될 수 있다'고 홍보하는데, 누구도 믿지 않지만 사실이길 바라며 교육을 받는다. 그때마다 내가 창업 교육을 하게 된다면 실전 위주의 노하우를 전수하는 일을 하겠다고 생각했다.

로컬 비즈니스 학교, 마계대학

사람들은 누구나 최선을 다해 열심히 산다. 주변에서 열심히 살지 않는 사람을 찾기 어려울 정도로 모두 성실하게 자신의 삶을 살아낸다. 그런데 결과물만 보면 모두가 점점 비슷해진다는 생각이 든다. 왜 그럴까. 사람들은 비슷한 책을 읽고, 강연을 듣고, 정보를 접하고 수집한다. 그리고 비슷한 고민을 가지고 비슷하게 성실히 살아온 사람들과 만나 이야기를 나눈다. 수많은 정보를 여과 없이 받아들이면서 수집한 정보가 자신의 생각인 것처럼 착각하게 된다. 결국 만들어내는 결과물은 비슷해지고, 세상은 점점 평범해지고 있다.

개항로프로젝트 사람들은 예술을 하고, 음식을 만들고, 디자인을 하고, 공간을 기획하며, 다양한 연령대의 사람들과 협업하며 지역에서 비즈니스를 한다. 그리고 객관적인 데이터로만 예상한 똑같은 결과물보다는 주관적인 직관과 전략적인 협업으로 만든 결과물이 더 매력적이라고 느낀다. 또한 성공적인 로컬 비즈니스를 만들기 위해서는 직관과 전략 그리고 협업이 가장 중요한 가치라고 여긴다. 그래서 치열하게 만든 직관과 구체적인 전략 그리고 경험을 바탕으로 한 협업을 중심으로 실제적인 교육을 하는 마계대학을 운영하고 있다.

가치를 창조하는 로직과 매직

Any sufficiently advanced technology is indistinguishable from magic. 최고의 기술은 매직과 구별할 수 없다.
Any sufficiently advanced Magic is indistinguishable from Logic. 충분히 뛰어난 매직(직관)은 로직(데이터)보다 낫다.

SF 문학의 거장이자 인공 위성의 기틀을 마련한 아서 클라크는 "Any sufficiently advanced technology is indistinguishable from magic"이라고 주장했다. 이 문장을 'Any sufficiently advanced Magic is indistinguishable from Logic'이라고 살짝 뒤틀었다. 정보와 데이터가 넘쳐나 모두가 비슷한 정보를 접하는 시대에 통계보다 한발 앞선 직관이 낫다는 의미다. 그리고 로컬 비즈니스에서는 '로직과 매직'이 진짜 비즈니스의 기회를 만들어낸다고 믿기에 마계대학의 슬로건을 '로직 앤드 매직'으로 정했다.

마계대학 교육 방식

마계대학은 개항로프로젝트에서 운영하는 20여 개의 공간이 캠퍼스가 되고, 지역의 실력 있는 상인과 노포의 장인들이 교수가 된다. 로컬 비즈니스에서 가장 중요한 요소는 직관, 전략, 협업이다. 하지만 세 가지 요소를 직접적으로 가르칠 수는 없다. 다만 마계대학은 개항로라는 실전의 캠퍼스에서 직관, 전략, 협업을 경험하고, 느끼고, 생각하고, 돌이켜볼 수 있도록 커리큘럼을 운영한다. 교육생들은 교육 과정에서 직관, 전략, 협업이 필요한 이유가 무엇인지, 로컬 생태계에서 나는 어떤 역할을 할 수 있는지, 나의 목표를 이루기 위해서는 누구와 협업을 해야 하는지 스스로 깨닫거나 실제 비즈니스의 시작점을 마련할 수 있을 것이다.

수업 사례 1 ┃ 직관 위주의 마계대학 정육 수업

마계대학 정육 수업은 고깃집 창업을 앞둔 사람, 고깃집 창업에 관심 있는 사람, 고기를 진심으로 좋아하는 사람들이 교육생으로 참여했다. 보통의 정육 교육이었다면 선사 시대부터 현재에 이르기까지 고기 소비량과 국가별 소비 성향 등의 이론 교육을 첫 시간에 진행하겠지만, 마계대학에서는 인터넷으로 검색해 쉽게 수집할 수 있는 내용은 커리큘럼에서 제외시켰다. 대신 참여한 교육자에게 칼을 두 자루씩 주고 고기 써는 방법부터 교육했다. '고기는 결의 반대로 썰어야 맛있다', '고기 손질 시 근막을 제거해야 부드러워진다', '부위에 따라 가장 맛있다고 알려진 두께' 등 알려진 사실에 대해 증명하는 시간부터 가졌다. 고기를 직접 썰면서 삼겹살과 항정살, 갈빗살 등 고기의 구조가 어떻게 나뉘고 부위별로 어떤 특징이 있는지 직접 해체하고 잘라서 먹어보면서 맛이 어떻게 다른지 구워서 먹으면서 수업을 진행했다. 수업 방식을 바꾸자 교육생들 사이에 대화가 많아졌다. 그리고 각자 자신의 생각, 즉 직관을 자연스럽게 표현하기 시작했다. 이것이 마계대학의 교육 방식이다.

수업 사례 2 ǀ 대중에게 평가받는 F&B 요리 수업

F&B 교육 과정에는 인테리어, 조리법, 손님 응대법, 세금 처리 방법, 음악 선곡 기준 등 광범위한 과정이 포함된다. 일주일에 1회씩, 7주 동안 진행되는 교육에서 모든 과정을 다루는 데는 한계가 있다. 마계대학은 F&B 분야 중 한 가지에 집중한 수업을 진행했다. 교육생이 직접 개항로에서 판매하는 음식 중 배우고 싶은 메뉴를 고르고, 각 음식점의 대표가 교수가 되어 조리법을 가르치고 레시피를 업그레이드하는 방식으로 진행됐다. 교육의 마지막 시간은 시식 평가였다. 교육생들끼리 맛 평가를 시키면 서로 듣기 좋은 말만 주고받기에 제대로 된 평가를 받기 어렵다. 마계대학은 교육생들이 만든 음식을 불특정 다수가 사서 먹고 맛을 평가할 수 있도록 마케팅하고, 주민자치센터에서 실제 선거 때 사용하는 기표소를 빌려 각 음식점에 투표 부스를 설치했다. 투표 용지를 나눠주며 음식에 대해 적나라하게 평가하되, 교육생들이 상처받지 않도록 예쁜 언어로 표현해 달라고 부탁했다. 그리고 대중의 평가가 적힌 투표 용지를 모아 유리병에 담은 다음 교육생에게 선물했다. 교육생들은 평가지를 보면서 자신의 실력을 가늠할 수 있게 된다.

개항로 관광 코스의 탄생

가정에서 나는 두 아들의 아빠이자 한 여자의 남편이다. 아내의 소망은 하나, 일주일에 하루 정도 온전한 휴식을 취하고 싶다고 했다. 아내가 온전히 쉬는 시간을 갖기 위해선 내가 아이들을 데리고 밖으로 나가야 한다. 거기서 아이디어를 얻어 만든 게 '개항로 관광 코스'다.

개항로 관광 1코스 - 애관극장에서 영화 감상
애관극장은 1895년 '협률사'라는 이름으로 개장해 1921년부터 지금의 명칭을 사용한, 128년 역사의 국내 최초 실내 극장이다. 지금도 영화를 상영하고 있는, 인천 사람이라면 누구나 추억이 녹아 있는 곳이다. 옛날 극장이라 1층과 2층으로 나뉘어 있는데, 2층 맨 앞줄에서 난간에 다리를 올리고 영화를 보면 기분이 정말 좋다. 그 기분을 아이들에게도 알려주고 싶어서 첫 코스는 애관 극장 영화 감상으로 정했다.

개항로 관광 2코스 – 카페에서 티타임

개항로에는 근대식 병원 건물을 리모델링한 카페 라이트하우스와 브라운핸즈 개항로 외에도 주인의 취향이 듬뿍 묻어나는 개성 있는 카페가 많다. 아이들이 좋아할 만한, 베이커리가 맛있는 카페에 가서 아이들은 빵에 우유를 먹고 나는 커피를 마시면서 영화 이야기를 나누며 쉰다.

개항로 관광 3코스 – 배다리헌책방 골목

광복 후 인천을 떠나는 일본인들이 가지고 있던 책을 헐값에 넘기면서 책들이 배다리 시장으로 흘러들어 노점을 형성했고, 이후에는 형편이 좋지 못한 사람들이 궁여지책으로 헌책을 팔면서 일대에 자연스럽게 헌책방 골목이 형성됐다. 가장 오래된 책방이 1953년에 문을 열었다고 하니 역사가 70년 가까이 된다. 한때는 40~50개의 헌책방이 주르륵 늘어서 있었는데, 지금은 5곳밖에 남지 않았다. 헌책방은 책값이 대형 서점의 절반도 안 되기 때문에 아이들은 아이들에게 읽고 싶은 책을 마음대로 고르게 한다.

개항로 관광 4코스 – 개항로통닭

식사를 하기 위해 개항로통닭으로 이동하면서 아내를 불러 함께 술을 마신다. 개항로통닭은 어린아이들부터 70~80대 어르신까지 어우러지는 공간이라 아이들도 좋아한다. 모든 세대가 공감할 수 있는 플레이리스트를 짜느라고 굉장히 힘들었는데, 이곳에 오면 아들과 음악에 대한 얘기를 많이 나누게 된다.

개항로 관광 코스를 만든 이유는 간단하다. 사람들이 개항로에 점포가 많다는 사실은 아는데, 주요 스폿을 걸어서 이동할 수 있다는 사실을 모른다. 그래서 개항로 관광 코스를 만들고 작은 이벤트를 진행했다. 개항로 프로젝트 멤버들이 자신의 가게를 넣어 코스를 확장하고, 개항로에서 장사하는 다른 가게도 설득해 코스가 훨씬 풍성해졌다. 처음 개항로 관광 코스를 만들었을 때는 하나의 루트밖에 없었지만, 지금은 여러 개로 늘었다. '개항로 관광 코스'를 검색했을 때 볼거리와 즐길 거리가 많다면 개항로에 와야 할 이유가 생긴다. 로컬에 있는 자원을 잘 연결하는 것만으로도 새로운 비즈니스를 만들 수 있다.

로컬 자원을 연결해 새로운 비즈니스를 창출할 수 있다고 말을 하면 "나는 인맥도 없고 돈도 없고 제대로 된 포트폴리오도 없는데, 게다가 타지에서 온 사람인데 사람들이 나를 믿고 내가 만든 프로그램에 동참해 줄까요" 하고 묻는 사람이 있다. 하지만 그 프로그램에 참여하지 않는 이유는 당신이 외지인이기 때문도 아니고 제대로 된 포트폴리오가 없어서도 아니다. 설득력 있고 실현 가능성 있는 비즈니스 모델을 제시하지 못했기 때문에 참여하지 않는 것이다. 당신의 프로젝트에 참여했을 때 참여한 가게들이 새로운 수익을 만들 수 있다면 그들의 선택은 달라질 것이다.

개항로통닭 빌드업 과정

개항로프로젝트를 진행하면서 거리에서 눈에 띄게 많이 보이는 사람들이 있었다. 바로 어르신들이다. 개항로는 신도시가 아니기 때문에 노인 인구의 비율이 높다. 실제로 조사해 보니 개항로 지역의 65세 이상 노인 인구의 비율은 23%로 인천 평균 14.9%보다 높았고, 전국 평균 17.2%보다도 높았다. 종종 우리 작은아버지 같은 분들이 개항로프로젝트에서 만든 공간 앞에서 "들어가도 되냐"고 물었고, 곁에서 "젊은 애들 가는 곳이니 그냥 가자"며 걸음을 재촉하는 경우가 있었다. 만약 어른 세대와 함께하지 못하면 개항로프로젝트는 젊은 세대만의 전유물이 되고, 크게 환영받지 못하겠다는 생각이 들었다.

그래서 고민했다. 어떻게 하면 20대부터 60대까지 다양한 세대가 어색하지 않게 어울릴 수 있을까.

아이템 선정

젊은 세대부터 나이 든 세대까지 모두 좋아하는 메뉴는 뭐가 있을까. 가격도 저렴하고 맛도 좋고 나이·인종·성별에 관계없이 모두 편하게 즐길 수 있는 것이 무엇인지 고민을 했고, 닭으로 결정했다. 자료를 찾아보니 대한민국에서 처음으로 통닭을 접한 것은 전기구이 통닭이고, 개항로에 유명한 전기구이 통닭집이 있었으나 지금은 영업하지 않는다는 사실도 알아냈다.

전기구이 통닭은 특별한 소재로 느껴졌다. 개항로 어르신들께 향수를 불러일으키는 매개가 될 것이고, 중년에게는 아버지 월급날이 떠오르게 할 것이다. 그리고 젊은 세대는 트럭에서 파는 것이 아닌 진짜 전기구이 통닭을 맛볼 수 있는 기회가 될 것이다. 대표 메뉴를 전기구이 통닭으로 정했다.

슬로건과 콘셉트 정하기

공간을 기획하기 전에 나는 슬로건을 정한다. 전체 프로젝트를 표현하고 이해하고 사람들과 소통할 수 있는 단어나 문구로 정하기도 하고, 내가 상상하는 최고의 장면을 묘사하기도 한다. 기획을 구체화하고, 머릿속의 추상적 이미지를 명확하게 그려내는 과정이다. 또한 프로젝트를 설명하는 단어나 문구는 크루와 회의하거나 사람을 고용했을 때 프로젝트에 대해 쉽게 이해시킬 수 있다.

한껏 트렌디하게 멋을 낸 청년들 옆 테이블에서

나이 지긋한 노신사들이 술을 마시고,

맞은편에서는 가족끼리 외식을 하고,

호프집인데 유모차도 보이는 풍경 사이사이에는

사랑하는 젊은 연인들이 시간을 보내고,

한쪽에서는 친구들끼리 미칠 정도로 재밌어하며

술을 먹는 모습.

개항로통닭의 슬로건은 완성됐을 때의 공간이 어떻게 채워질지 상상하며 문장으로 작성했다. 미션은 모든 세대가 어색하지 않은 장소 만들기, 콘셉트는 운동회다. 어린 시절 나도 재밌고, 엄마도 재밌고, 할머니도 재밌어했던 동네 축제를 공간에 재현하고 싶었다.

하나의 장면이 연상되는 슬로건은 기획과 시공, 디자인, 콘셉트, 메뉴, 플레이팅 등 개항로통닭에 참여하는 사람은 물론이고 향후 그 공간에서 일하게 될 직원과 아르바이트생들에게 개항로통닭에 대해 간결하게 설명할 근거가 됐다. 그래서 프로젝트를 진행하는 동안 서로 헤매지 않았다. 무엇보다 단어가 아닌 장면으로 콘셉트를 제시하자 각 단계에 참여하는 작업자와 창작자들은 각자의 언어로 상상력을 발휘해 아이디어의 빈틈을 꽉꽉 채워줬다.

공간 기획

공간 공사가 진행되는 사이 나는 20대부터 60대까지 소통할 수 있는 장치에 대해 고민했다. 어떻게 해야 서로가 같은 공간에 있는 것을 어색해하지 않을까, 소통하는 것까지는 바라지도 않고 운동회에서 3대가 어우러졌던 것처럼 서로의 존재를 당연하게 여길까. 그러다 우연히 1960년대 졸업 앨범을 발견했다. 지금도 역사가 이어지는, 인천의 한 고등학교 앨범이었다. 앨범 속 주인공들은 이제 70대가 됐을 것이다. 그런데 앨범 속 학생들의 포즈가 1990년대 후반에 졸업한 내 졸업 앨범 속 포즈와 크게 다르지 않았다. 요즘 애들도 이 포즈로 졸업 사진을 찍을까. 이런 생각 끝에 유레카를 외쳤다.

인천에서 초중고교를 졸업한 사람이라면 비슷한 장소로 소풍 갔던 기억이 있을 것이다. 자유공원, 수봉공원, 송도유원지, 인천대공원, 인천상륙작전기념관, 월미도 등을 벗어나지 않았다. 모두 비슷한 포즈로 소풍 장소에서 단체 사진을 찍었고, 졸업 앨범에도 실었을 것이다. 타 지역에 사는 사람들도 장소는 다르지만 소풍 장소에 대한 기억이 있을 것이다.

개항로통닭은 그 기억을 소환하는 장소로 꾸미기로 했다. 지인들을 통해 옛 인천의 랜드마크에서 촬영한 사진을 수집했다. 월미도의 약속 장소, 자유공원, 청학풀장, 인천상륙작전기념관, 운동회, 디스코방방, 보이스카우트, 졸업식 등 나이대별로 인천의 추억을 공유할 수 있는 장소의 사진 40여 장을 모아 개항로통 닭 벽에 걸었다. 그리고 기대했던 대로 그 사진들은 손님들을 웃 게 했고 이야깃거리를 제공했다. 세대 간의 어색함을 허무는 데 도 중요한 역할을 한다.

공통된 장소의 기억들을 공유하면 추억이 된다. 그 추억은 절 대 카피할 수 없는 그 지역만의 콘텐츠다. 세대 간의 기억이 중첩 되어 있는 장소성은 지역 고유의 콘텐츠이고 세대 간 어울릴 수 있는 매개체로서 충분한 역할을 한다. 파리 에펠탑은 나이에 상 관없이 파리를 여행한 이들의 추억 매개체고, 2002년 한일 월드 컵의 기억은 그 시간을 공유한 대한민국 국민에게 세대 간의 벽 을 허물 수 있는 대화 소재가 되는 것처럼.

개항로통닭에 들어오는 순간 추억에 젖어 내내 그 경험을 유 지하도록 다양한 장치를 설치했다. 마당에는 운동회를 상징하기 위해서 만국기를 걸었고, 실내 의자 다리에는 테니스공을 찢어 서 꼽았다. 지금의 60~70대는 대한민국에서 처음으로 소파와 식탁을 사용한 세대다. 바닥 장판이 찢기지 않도록 의자와 식탁 발에 테니스공을 꽂았던 것을 재현한 것이다. 사진과 테니스공 이외에도 세대 간의 추억을 공유할 수 있도록 음악 선곡에도 신 경을 썼다. 이렇듯 추억이 공간 속에서 겹겹이 쌓아서 깊은 밀도 를 주기 위해 노력했다.

협업

개항로통닭의 메뉴판은 개항로에서 노포를 운영하는 사장님의 작품이고, 골목 입구에 세워놓은 입간판은 개항로에서 영화 간판을 그리던 노포 사장님의 솜씨다.

개항로통닭의 전기구이 통닭은 쉽게 복제되겠지만, 개항로통닭의 고유성은 결코 카피되지 않을 것이다. 나는 이 경험을 토대로 서울 마장동 축산시장이나 노량진 수산시장에서 각 지역의 지역성과 역사성을 살려 개항로통닭의 변주 버전을 만들고 싶은 욕심이 있다.

결과

개항로통닭은 다양한 세대가 어색해하지 않고 어우러지는 술집으로 기획됐고, 그 매개체로 각 세대의 추억이 담긴 사진을 이용했다. 그리고 음악, 안주, 소품, 가구 등에도 세대를 아우르는 추억을 담기 위해 노력했다. 그 결과 현재 개항로통닭은 젊은 연인 동성의 친구들, 나이 드신 분들, 젊은 세대들, 가족 모임을 하는 사람들까지 다양한 세대가 공존하는 공간이 됐다. 이렇게 20대부터 60대까지 다양한 연령대의 사람들이 같이 모여 서로를 신경 쓰지 않고 편하게 술을 즐길 수 있는 공간은 거의 없다. 그 때문인지 실제 방문자들이 자신의 소셜 미디어에 남긴 포스팅을 보면 "나이 드신 분들이 많아서 너무 신기했다"는 반응이 많다.

덕분에 개항로통닭은 동네 사랑방이자 전국구 가게가 됐다. 개항로통닭에서 1차를 한 사람들은 개항로의 다른 가게로 2차, 3차를 하기 위해 이동한다. 동네에 어울리는 공간 하나가 다른 공간에도 영향을 주며, 지역을 활성화하고 있다.

마계인천페스티벌 빌드업 과정

영국 유학 시절 8월이 되면 해마다 에든버러 페스티벌에 갔었다. 제2차 세계 대전으로 인해 상처받은 이들의 마음을 치유하기 위해 시작된 페스티벌로, 세계 각국의 공연팀이 참여해 다양한 공연을 보여준다. 내가 에든버러 페스티벌을 특히 사랑하는 이유는 페스티벌 기간 동안 거기에 있는 공간에서 다양한 예술 활동이 진행돼 마을 전체가 축제의 장으로 변신하기 때문이다. 그때부터 페스티벌 기획은 나의 오랜 꿈이었다.

토리코티지를 운영할 때 제주도에서 소규모 페스티벌을 기획했지만 현실적인 문제에 부딪혀 무산된 적이 있다. 이를 개항로에서 실현해 보기로 했다.

개항로에는 개항로프로젝트에서 운영하는 20여 개의 공간이 있다. 게다가 개항로 상인들 사이에서도 이벤트가 벌어지면 평소보다 매출이 높아진다는 공감대가 형성돼 있어 협업이 비교적 수월하다. 페스티벌을 제안했을 때 동참하고 지지해 줄 가능성이 높다. 물론 걱정이 없었던 건 아니다. 상업 공간을 페스티벌 기획에 맞게 운영하려면 통째로 빌려야 하는데, 영업을 접고 자신의 공간을 빌려준다는 것은 상인들 입장에서 쉬운 결정이 아니다. 그럼에도 불구하고 동참해 준다면 개항로에 새로운 이야기를 쌓을 수 있을 것이라 믿었다.

마계 인천을 브랜드로

악마의 세계를 뜻하는 '마계'는 인천을 비하하는 표현이다. 간혹 인천에서 잔혹한 범죄가 발생하면 관련 기사 댓글에 어김없이 '마계 인천'이 등장한다. 하지만 다른 도시보다 인천에서 잔혹한 범죄가 자주 발생한다는 건 낭설이다. 외려 국민안전처가 발표한 지역 안전 지수를 보면 인천의 안전 지수는 양호한 편이다. 사정이 이렇다 보니 인천 사람들은 '마계'라는 낙인이 불편하고 억울하다. 이를 B급 코드로 경쾌하게 풀어가기 위해 페스티벌 이름을 '마계인천페스티벌'로 지었다. 범죄율이 높고 시민이 안전하게 살기 어렵다면 웃어넘길 수 없는 작명이지만, 실제와 다르다면 부정적인 표현을 밈화해 재미있는 브랜딩을 할 수 있을 것 같았다.

멋있고 싶은 욕망을 경계하라

마계인천페스티벌은 인천맥주 박지훈 대표와 공동으로 기획했다. 많은 이들의 지지를 받지 못하더라도, 화제성이 다소 떨어지더라도 '우리가 좋아하는 것을 하자'는 데에 합의하고 세부적인 기획을 세웠다. 슬로건은 'Whatever(어쩌라고?!)'로 정했다. 왜 하필 지역 페스티벌을 기획하면서 지역민들이 지우고 싶어 하는 단어인 '마계'를 전면에 내세웠냐는 이들에게 해주고 싶은 말이기도 했다. 그런데 일을 진행할수록 박지훈 대표도 나도 원래의 계획에서 어긋나고 있음을 깨달았다. '명색이 페스티벌인데 중앙 무대가 있어야 하지 않나', '사람들이 모이면 먹거리가 있어야 하는데 야시장이나 푸드 코트를 운영할까', '혹시 모를 안전사고에 대비해 의료 부스를 마련해야 되나' 등등 일반적인 페스티벌의 공식을 그대로 따르고 있었다. 결국 모든 기획을 엎고 처음 계획했던 대로 우리가 좋아하는 것으로 페스티벌을 채우기 시작했다.

B급 코드를 살려 캐릭터를 만들고 포스터를 제작했다. 포스터에는 페스티벌 이름과 날짜, 캐릭터만 새겼을 뿐 시간도 장소도 구체적인 행사 내용도 표기하지 않았다. 대신 QR코드를 심어 온라인 상세 페이지와 연결했다. 매우 불친절한 선택이지만, 진실로 내가 좋아하는 것을 좋아하는 사람들이 찾아와 즐겨주길 바라는 마음으로 한 선택이었다.

개항로 곳곳에서 벌어진 하루 동안의 축제

마계인천페스티벌의 헤드라이너는 신해철이었다. 평소 '신해철

노래를 24시간 틀어놓고 술을 마시면 좋겠다'는 생각을 했었다. 신해철은 어린 시절부터 나의 우상이었고, 그가 세상을 떠난 지금도 내 팬심에는 변함이 없다. 나와 같은 생각을 하는 사람이 어딘가에는 존재하지 않을까 싶어 신해철을 헤드라이너로 선정했다. 40년 된 다방을 빌려 종일 신해철과 N.EX.T의 노래를 틀었고, 개항로프로젝트 인스타그램을 통해 축제 소식을 알게 된 이들이 찾아와 때때로 떼창을 하는 장면이 연출됐다.

라이브 밴드가 있는 술집을 빌려 '마계노래자랑'을 열기도 했다. 12개 팀이 참여해 경연을 벌였고, 이후에는 서울 성수동에서 활동하는 디제잉팀을 중심으로 밤새도록 디제잉 파티를 열었다. 주로 부적절한 관계의 사람들이 자주 드나드는 음지의 술집에서 벌어진 힙한 디제잉 파티는 MZ 세대에게 특히 인기가 좋았다. 카페 라이트하우스의 중정에서는 식물 마켓을 열고 보사노바 공연을 했고, 개항백화에서는 빈티지 마켓을 열고 옥상에서 디제잉 파티를 진행했다. 개항로통닭 역시 종일 포크 송을 틀면서 축제 분위기에 동참했다.

개항로의 새로운 브랜딩

마계인천페스티벌은 페스티벌의 공식을 따르지 않았다. 만약 페스티벌다운 페스티벌을 만들고 싶어 타협했다면 어땠을까. 전단지를 만들어 유동 인구가 많은 곳에서 돌리고, 페스티벌이 진행

중임을 알리기 위해 중앙 무대를 만들어 현수막을 걸고, 페스티벌을 즐기러 온 사람들을 위해 야시장과 푸드 코트를 운영했다면 평범해졌을 것이다.

취향에 맞는 소수의 사람들만 즐기게 될 거라는 예상과 달리 페스티벌에 참여한 노포의 사장님들도 축제 같은 하루를 보냈다. 누군가는 골든벨을 울렸고, 누군가는 평소 매출의 4배 이상을 기록했다며 즐거워했다. 참석했던 이들의 후기도 칭찬 일색이었다. 사실 기획하는 동안은 물음표와 느낌표가 교차되는 순간이 많았다. 페스티벌을 성공적으로 마무리하면서 내가 좋아하는 '어쩌면 소수 취향의 것'을 더 열심히 해도 된다는 결론에 이르렀다.

토리코티지 퐁낭프로젝트 빌드업 과정

제주도에서 사업을 하겠다고 하자 모두가 만류했다. 섬사람들이 텃세가 얼마나 심한지 아느냐고 한목소리로 말했다. 더구나 내가 선택한 장소는 관광지가 아니었다. 토박이가 모여 사는, 평균 연령이 높은 조용한 마을의 안쪽이었다. 지금은 그들이 왜 외지 사람들을 경계하는지 잘 알고 있지만, 당시에는 주민들의 생활 방식이 있으니 최대한 거스르지 말자는 생각으로 임했다.

로컬에서는 사람과의 관계가 중요

날씨 좋은 날 시골에 가면 마을 중심에 커다란 느티나무가 있고 그 아래 놓아둔 커다란 평상과 의자에 앉아 담소를 나누는 어르신들을 어렵지 않게 만날 수 있다. 느티나무를 제주 말로 '퐁낭'이라고 한다. 토리코티지×카레클린트가 있는 애월읍 고내리 앞에도 커다란 퐁낭이 있었다. 여느 시골 마을처럼 퐁낭 아래 몇 개의 의자가 놓여 있었는데, 사람들이 이사하면서 버리고 간 것이 대부분이었다. 망가져 버려진 가구를 가져와 나무 아래 펼쳐놓고 앉아 계시는 거다. 미관상 아름답지 못한 것은 나의 견해이고, 진짜 문제는 비가 내리면 가구가 다 젖어 축축하고 냄새가 난다는 것이었다. 내가 토리코티지를 잘 운영해 돈을 번다면 가장 먼저 그 의자들을 바꿔주겠다고 결심했다.

당시만 해도 제주도에 펜션을 짓는다고 하면 바다가 보이는 곳이거나 바다와 만나는 곳을 택했다. 그런데 토리코티지는 주민들이 살고 있는 마을 가운데를 택했기 때문에 관계를 맺어야 하는 사람들이 관광지에서 관광업에 종사하는 사람들이 아니라 마을 사람들이었다. 그래서 어르신들과 더 잘 지내고 싶었다.

마을 사람들 입장에서 생각하고 천천히 스며들라

토리코티지×카레클린트로 수익이 어느 정도 모였을 때 '퐁낭프로젝트'를 실천하기로 했다. 기왕이면 카레클린트와 함께 프로젝트를 진행하고 싶었다. 그들은 가구 전문가지만 야외 가구를 만들어본 적이 없다. 그래서 부탁했다. 좋은 가구를 어르신들도 경험하게 해드리고 싶다고. 그리고 처음으로 그들이 디자인한 가구를 반려했다. 너무 멋있게 디자인을 했기 때문이다. 관광지 특성상 제주도는 무언가를 멋있게 만들면 소문이 나서 포토 스폿이 되어버린다. 너무 많은 관광객이 조용한 마을에 모여들면 어르신들의 고요한 일상이 깨질 것이고, 퐁낭마저 빼앗기게 될 것이다. 원래의 질서를 깨뜨리지 않는 선에서 어르신께 편의

를 드리고 싶었다. 그래서 원래 어르신들이 앉았던 의자 형태 그
대로 만들어달라고 요청했다. 크기도 디자인도 같지만 깨끗한
의자를 가져다 놨더니 어르신들이 앉아보고는 굉장히 좋아하셨
다. 그렇게 돈을 쓰고 나면 기분이 정말 좋아진다.

토리코티지는 숙박객이 퇴실한 후 청소를 해야 한다. 마을 부
녀회장님을 찾아가 일할 분을 소개해 달라고 부탁했다. 부녀회
장님은 70세가 넘은 할머니를 소개해 줬다. 꼼꼼한 분인데 약간
의 우울증을 겪고 계신다고 귀띔하셨다. 부녀회장님을 믿고 그
분께 청소를 맡겼다. 그리고 변화가 생겼다. 일거리가 생기고 사
회 안에서 역할이 생기면서 할머니의 우울증이 완화된 것이다.
즐겁게 일하는 어르신을 보면 나까지 기분이 좋아진다. 퐁낭프
로젝트를 완료한 후에 할머니께서는 내게 "고맙다"고 하셨다. 마
을 어른들이 쉴 수 있는 공간을 만들어주니, 이곳에서 일하는 당
신께서 덩달아 신난다고 하시면서.

이렇게 나는 이웃 사람들과 자연스럽게 섞일 수 있었다.

주객이 전도되지 않도록 유의하라

이벤트를 진행하다 보면 주객이 바뀌는 경우가 굉장히 많다. 다
른 사람이 퐁낭프로젝트를 진행했다면 기왕 가구를 선물하는 거
멋있게 만들고 싶었을 것이다. 더구나 카레클린트라는 뛰어난
감각을 지닌 디자이너가 크루라면 더욱더. 그런데 생각해 보면

가구를 멋있게 만들고 싶은 건 내가 멋있어지고 싶어서다. 진짜 어르신들을 위한 일이 아니다. '어르신들의 불편함을 해소하며 마을에 기여하는 나'에 취하면 안 된다. 진짜 할머니들을 위한 게 무엇인가를 고민해야 한다.

처음 사업을 시작하면 주변을 돌아볼 여력이 없다. 내 일에만 몰입하고 최선을 다해도 될 듯 말 듯하다. 하지만 로컬에 터를 잡고 살려면 주변 사람들과 잘 지내는 것이 정말 중요하다. 주변을 살피는 따뜻한 시선과 배려를 갖추면 좋겠다. 비록 나의 고객이 될 확률이 매우 낮은 지역의 할머니들일지라도.

나는 내가 옳다고 생각하는 일을 실행했다. 이것은 내 성향이다. 앞서 "세상을 구하려 들지 말고 잘하고 좋아하는 일을 하라"고 말했는데, 좋아하고 잘하는 일을 해도 결국 타고난 성향대로 움직인다. 나는 이타적인 성향이 강하다. 세상을 구하지는 못하더라도 할머니들께 편안한 쉼터는 선물하고 싶었다.

숙소까지 오는 길을 헤매는 숙박객이 있으면 퐁낭 아래 앉아 계시던 어르신들이 길을 알려주시곤 한다. 예전에는 젊은 것들이 남사스럽게 손바닥만 한 비키니 입고 돌아다닌다고 혀를 차던 분들이 바뀌었다. 의도한 것은 아니지만 결과적으로는 내게도 도움이 됐다.

6

관계 맺기의 기술

로컬에서 관계 맺기의 중요성

아무것도 없는 로컬에 거대 자본의 대기업이 리조트를 짓는다면 주변으로 편의 시설이 생기고, 어마어마한 영향력을 가진 셀러 브리티가 카페를 차린다면 주변으로 볼거리와 먹을거리, 즐길 거리가 생기겠지만, 평범한 개인이 홀로 지역을 일으킨다는 것은 불가능에 가깝다. 서울은 무한 경쟁의 사회지만, 로컬은 서로 협력해야 한다. 로컬이 활기를 띠려면 사람들을 많이 끌어와야 하는데, 혼자서는 아무리 잘해 봐야 한계가 있다. 개항로프로젝트를 기획할 때 나는 사람들을 개항로이웃사람, 개항로사는사람으로 나누고 각 카테고리의 사람들에게 맞는 전략을 구상했다.

개항로이웃사람

인천에는 차이나타운의 중국집을 제외하고도 개항로에만 40년 넘은 노포가 60여 개에 달한다. 600년 역사의 도시 서울에 더 많은 노포가 있어야 하지만, 서울 땅은 한정돼 있기 때문에 건물을 부수고 새로 빌딩을 세우며 발전해 왔다. 반면 인천은 도시 발달

과정에서 있는 건물을 부수고 새로 지은 것이 아니라 도심을 새로 만드는 전략을 택했다. 간척 사업으로 땅을 넓혔고, 그 땅에 신도시를 만드는 게 훨씬 비용이 적게 들기 때문이다. 덕분에 인천 옛 도심에는 과거의 시간이 고여 있다. 보호하지 않았으나 보존된 도시, 덕분에 인천의 옛 도심인 개항로에는 오래된 건물이 그대로 남아 있고 건물마다 오래된 가게가 즐비하다.

개항로이웃사람은 노포 어르신들을 지칭한다. 그분들은 실력도 있고, 전통도 있고, 오랜 세월 같은 일을 반복하며 몸에 밴 삶의 태도도 있다. 엄청난 무기를 가지고 있지만 트렌드를 읽지 못하고 디지털 기기를 다루는 것도 익숙하지 않다. 세상의 변화와 시간의 흐름에 무뎌지는 건 어쩔 수 없는 변화다. 개항로프로젝트에서 노포 어르신들은 협업의 대상이자 지역의 어른이고, 콘텐츠이자 문화 자산이다. 물론 노포는 비즈니스 공간이기도 하다.

비즈니스적인 관점에서 노포

프로젝트를 기획할 때 나는 비즈니스적 관점과 사회·문화적 관점에서 대상을 바라보고 분석한다. 두 관점을 상반된 것으로 인식하는 경우도 있지만, 두 관점을 모두 고려해 프로젝트를 진행해야 만족스러운 결과에 도달할 수 있다고 믿는다.

비즈니스적 관점에서 노포는 중요한 마케팅 포인트가 된다.

개항로 노포 40군데를 알리는 데 성공했다면 개항로 방문객은 개항로를 '젊은 사람들이 만들어낸 트렌디한 점포 20여 개와 카피되지 않는 노포 40개가 공존하는 지역'으로 인식할 것이다. 즉, 개항로에는 가볼 만한 곳이 60군데가 넘는 셈이다. 40개의 공간을 새로 여는 것보다 시간과 돈, 인적 자본을 훨씬 절약할 수 있다. 노포를 브랜딩하고 알리는 것이 새로운 점포를 오픈하는 것보다 훨씬 경제적인 셈이다. 노포 마케팅은 비즈니스적 관점에서 매우 중요한 포인트가 된다.

그래서 개항로프로젝트 인스타그램 계정을 통해 개항로의 노포를 열심히 홍보했다. 개항로에는 오래된 가게인 노포가 많다, 노포에는 흉내 낼 수 없는 감성과 전통이 있다, 개항로통닭에서 1차를 즐기고 노포인 대전집에서 2차를 즐기는 '갬성' 넘치는 '인싸'가 진정한 멋쟁이다 등등. 이런 전략이 레트로 트렌드 안에서 소비되기 시작했다.

사회·문화적 관점에서의 노포

노포를 단순히 비즈니스 공간이 아닌 보호받아야 할 문화·관광 자산으로 바라보고 관련 자료를 찾았다. 그런데 남아 있는 자료가 거의 없었다. 그래서 옛 개항로의 기억을 가지고 있는 노포 어르신들을 인터뷰해 자료를 모으고 사진으로도 촬영했다. 이 자료는 사회적으로도 가치가 높다는 판단 아래 개항로프로젝트에서 4년에 걸쳐 전시 중이다.

노포에 대한 자료를 수집하고 브랜딩해 온·오프라인을 통해 알렸더니 개항로프로젝트가 하는 일을 응원하며 지켜봐 주는 이들이 늘었다. 당신이 하고 싶었던 일이지만 엄두가 안 나 나서지 못했는데 대신해 줘서 고맙다는 얘기도 많이 들었다. 놀라운 것은 노포 관련 프로젝트를 진행하는 것에 가장 열정적으로 반응해 준 것이 MZ 세대라는 점이다. MZ 세대는 환경 문제에 관심이 많고, 문화적 열등감이 없으며, 사회적 가치나 특별한 메시지가 담긴 물건을 소비하면서 자신의 신념을 표출한다.

노포 취재 후 개항로프로젝트를 지지하는 MZ 세대가 늘었다. 우리가 단순히 로컬에서 소외된 지역을 살리기 위해 장사를 하는 집단이라고 여겼는데, 주변을 돌아보며 함께 살아가는 방법을 고민하고 가치 있는 활동을 하는 집단이라고 판단한 것이다. 인스타그램 팔로워가 늘었고, 노포에는 젊은 손님들이 많아졌다. 그들은 우리가 잘못하고 있는 일이 있으면 댓글을 다는 대신 DM을 보낸다. 따뜻한 배려다. 함께 일하고 싶다는 요청도 많다. 메시지에서 진심이 느껴진다. 개항로프로젝트의 팬이 된 것이다.

개항로 이웃사람

커피가 식을 새길에 삶고 있다. 커피가 쉬지 않은 것은 두 가지가 있다. 하나는 자신만의 정확이고 두 번째는 풍요진 생활이다. 건편 풍구에는 자신만의 방식으로 프로스슬레이 시간을 부여 노료고해외거나 대응로 출력 내려진는 커피가 있다. 노료은 커피의 쉬자이며, 커피할 수 없는 것세의 관념으로서 도한 사람들과 추억의 공간이며, 매일마다지는 운명되면 땅없이다. 매일 새로운 공이 생겨나고, 또한 사라진다. 노료은 지역 경제와 골목환 운영요소에 커피차이며 이고, 골목없는 박사로체도 반드시 가하되비 한다. 우리는 '개항로이웃사람'이란 주제로 인천 개항로 인근의 노료을 촬영하고 인터뷰했다. 30개인의 분자에 그 기록을 전시한다.

**Exhibition 개항로 이웃사람 | 오프닝 : 2018. 12. 18(화) 14:00
날짜 : 2018. 12. 18(화) ~ 28(금) | 장소 : 인천광역시 중구 개항로 94 3F
12:00 - 17:00 (입장마감 16:30) | 휴무 : 12월 24, 25일

로컬에서 어른과 친해지는 방법

개항로프로젝트의 전 과정에서 가장 어려웠던 건 노포 어르신들과의 거리를 좁히는 일이었다. 사기꾼 취급도 받았고 여러 번 문전박대당했다. 지역을 활성화하려면 어쩌고, 협업을 해야 저쩌고, 문화란 무엇이며 어쩌고, 개항로의 문화적 가치가 저쩌고. 내가 할 말만 했다. 그때까지 해온 것처럼 진심으로 솔직하게 말을 하면 통할 줄 알았지만 하나도 안 먹혔다. 정말 많이 고민했다. 방자도 하고, 장난도 치고, 손주처럼 귀여움을 떠는 등 별짓을 다 했지만 효과가 전혀 없었다.

상대방의 언어로 이야기하라
젊은 사람과는 서로 맞는 부분이 있으면 관계가 급속도로 발전한다. 좋아하는 야구팀, 좋아하는 애니메이션, 즐겨 듣는 노래 같은 것으로 급격하게 친해질 수 있다. 하지만 어르신들과의 관계는 시간과 정비례했다. 자주 찾아가면 가까워진 것 같다가 바빠서 조금 소홀해지면 다시 소원해진다. 그러다 결국 해법을 발견했다. 노포도 가게다. 실질적인 이득을 주면 된다. 실제로 나를 통해 매출이 올라가자 내 말에 귀 기울여 주셨다. 관계가 급격하게 가까워졌고, 이후 어떠한 요청을 드려도 들어주려고 노력하신다.

나의 20대가 지금의 20대와 다른 것처럼, 그분들의 20대도 달랐다. 살아온 시대와 환경이 다르니 같은 언어를 쓰지만 의미가 조금 다르다는 걸 알았다. 이것을 깨우치는 데 꽤 오래 걸렸다. 누군가를 설득할 때는 상대의 언어로 말을 해야 한다. 어르신들의 경우에는 돈 얘기가 가장 편했던 것이다. 사회적 가치나 지역·문화적 특성 같은 건 와닿지 않을 뿐만 아니라 MZ 세대 사업자들이 듣고 싶어 하는 말이다. 가게를 운영하는 이유는 결국 돈을 벌기 위해서다. 요즘은 어르신들이 말씀을 하시면 경제적 가치로 돌려드릴 수 있는 방법을 고민하고 실행한다.

MZ 세대는 비전과 철학을 공유하고 각자의 영역과 취향을 파악하면 함께 일을 할 것인지 아닌지 결정된다. 대화를 하며 서로를 탐색하고, 신뢰를 쌓아간다. 그런데 어르신들은 경제적 이득이 돼야 움직인다. 삶의 과정에서 형성된 기준이니 좋고 나쁨으로 평가할 수 없다. 그냥 다른 것이다.

MZ 세대는 자신을 증명할 수 있는 객관적인 지표가 많다. 인맥을 총동원해 그 사람에 대해 알아보고 검증한다. 하지만 어르신들은 내가 말한 대로 실제 소득이 되어 손에 돈이 쥐어졌을 때

'저 사람 믿을 만하다'고 여기셨을 것이다. 나와 내 생각을 어르신들의 언어로 증명해 내는 데 시간이 오래 걸린 셈이다.

어르신들을 바꾸려 하지 말라

어르신들과 함께 일을 하려면 그들을 주의 깊게 관찰하는 게 선행되어야 한다. 그리고 강점을 파악해 어떻게 연결하면 강점이 배가될지 고민하는 것이 좋다. 기획자는 어르신들이 하는 일이 변하지 않는 상태에서 새로운 것을 제안할 줄 알아야 한다.

결국 어르신들과 협업할 때 가장 중요한 것은, 그들의 삶을 관찰해 장점을 발견하고 그들의 삶을 바꾸지 않는 선에서 새로운 부가 가치를 가져다줄 일을 제안해야 한다. 그것이 내가 하고 싶은 나의 철학과 비전에 맞는 일이라면 더욱 좋고.

나는 기획 일을 오래 해왔고, 그래서 이제는 실행 과정이 상상과 크게 어긋나는 일이 없다. 하지만 개항로 노포의 어르신들은 내 인생 최대의 변수였다. 누구도 내게 말해 주지 않았고, 어디에도 나와 있지 않았던 것이기도 하다. 철저하게 몸으로 부딪혀 깨지며 얻어낸 경험의 산물이다.

개항로이웃사람과의 작업 과정
개항면

좋은 취지로 만들었더라도 아름답지 않으면 지속적인 소비로 이어지지 않는다. 개항로의 노포를 알리겠다고 결정하고, 자료 조사를 하면서 고민에 빠졌다. 어떻게 해야 노포는 물론이고 개항로프로젝트, 개항로까지 경쟁력이 생길까. 단발성 이벤트가 아닌 지속 가능한 콘텐츠가 필요했다. 단순히 노포를 알리는 것을 넘어 노포와 결합해 새로운 것을 만들어낸다면 더 의미 있는 작업이 된다.

개항면＝개항로프로젝트×광신제면소

1970년대 초 인천에서 처음 등장한 쫄면은 여느 면류보다 역사가 짧다. 개항로는 쫄면의 고향으로, 우리나라에서 처음 쫄면을 개발한 광신제면소가 있다. 풍문에 의하면 냉면을 뽑아야 하는데 직원 실수로 사출기에 체를 잘못 끼워 굵은 면발이 나온 것이 쫄면의 시작이라고 한다. 한때는 한 달에 4만 명이 먹을 면을 뽑을 만큼 번창했지만, 인천 원도심 상권이 무너지며 거래처가 줄고, 대형 제면 공장이 등장하면서 여러 차례 존폐 위기를 겪었다. 하지만 사장님의 실력은 건재했다. 외려 경영난으로 직원을 줄이느라 여럿이 할 일을 홀로 다 해내고 있었다.

실력이 있다는 사실에 주목했다. 상황이 불리하고 시대에 적응하지 못해 수년째 제자리걸음 중이지만 새롭게 브랜딩하고 홍보하면 승산이 있을 것 같았다. 광신제면소는 실력과 역사를 가지고 있지만 시대의 트렌드를 알지 못하고, 개항로프로젝트는 트렌드에 밝지만 면을 만들 수 있는 실력이 없다. 광신제면소와 개항로프로젝트가 협업해 국숫집을 오픈한다면 좋은 결과가 있을 거라 믿었다. 그렇게 탄생한 개항면에서는 광신제면소에서 받은 생면을 진한 사골 육수에 만 온면을 선보인다.

개항면은 따로 면을 뽑는 설비나 인력 없이도 장인의 솜씨로 뽑아낸 면발을 공급받고, 광신제면소는 개항면에 손님이 많아지면서 다시 판매량이 늘었고 활기를 찾았다. 단순히 '지역 제면소에서 생산한 면으로 만든 국수'라고 해도 매력적인데, '쫄면의 고향 광신제면소에서 국수 장인이 직접 뽑은 생면으로 만든 국수'에는 흉내 낼 수 없는 특별함이 더해진다. 개항면은 광신제면소와의 협업으로 카피되기 어려운 존재가 됐고, 자연스럽게 광신제면소의 역사를 받아 신생 가게임에도 역사성이 짙어졌다.

광신제면소는 협업을 통해 활기를 되찾았다. 개항로젊은사람과 어울릴 일이 거의 없던 60대 사장 부부는 지역에서 장인 대우를 받으며 승승장구하고, 광신제면소는 재도약 중이다.

의도하지 않은 결과와 지역의 정체성

노포가 유지되려면 물려받을 사람이 필요하다. 가업을 물려주든 후계자가 들어오든 장사가 잘돼야 노포를 잇겠다는 사람이 나온다. 그래서 더욱 노포를 알리려고 했다. 노포 어르신들을 장인으로 브랜딩하고, 지금 시대에도 인정받을 수 있는, 감각적이고 가치 있는 물건을 만들기 위해 노력했다. 의도하지는 않았으나 협업을 진행하면서 노포 어르신들이 자존심을 회복했고, 당신도 젊은 사람들과 같이 지역을 위해 행동하고 있다는 소속감을 갖게 했다. 이것이 노포와의 협업으로 인해 얻은 가장 빛나는 가치다. 나 역시 이 결과에 가장 큰 자부심과 보람을 느낀다.

장인과 청년 로컬 크리에이터, 오래된 건물과 새로운 건물, 노포와 젊은 가게, 능숙한 작가와 젊은 아티스트, 전통 음식과 트렌디한 음식. 개항로에는 자연스럽게 '올드 앤드 뉴'라는 정체성이 생겼다.

개항로젊은사람

개항로프로젝트에 속해 있지는 않지만 개항로에서 장사하는 젊은 사람들을 '개항로젊은사람'으로 분류한다. 상권이 낙후되어 가게가 거의 남아 있지 않았을 때 개항로프로젝트를 시작했다. 1~2년 사이 개항로프로젝트를 통해 몇 개의 가게가 문을 열었고, 개항로를 알리기 위해 이벤트를 진행하면서 지역에서 개항로프로젝트의 영향력이 커졌다. 로컬에서는 사람들이 소외되지 않게, 서운함을 느끼지 않게 하는 것이 중요하다. 개항로프로젝트의 다양한 채널을 통해 개항로젊은사람들을 지속적으로 소개하고 홍보했다. 덕분에 개항로이웃사람보다 훨씬 수월하고 빠르게 가까워질 수 있었다. 개항로프로젝트에서 개항로젊은사람을 많이 알릴수록 '개항로에는 가볼 만한 곳이 풍성하다'고 인식되기 때문에 지역 차원에서도 이득이다.

로컬에서는 이웃끼리 서로 브랜딩하고 마케팅하면서 상부상조하는 것이 굉장히 중요하다. 남을 위한 일이지만 결국 나를 위한 일이 된다. 다양한 방식으로 살뜰하게 챙길수록 효과적이다.

사람이 빛나야 지역도 빛난다

친구나 가족을 욕하는 건 누워서 침 뱉기다. 로컬에서 함께 장사하는 상인들은 경쟁자가 아닌 동맹 관계이므로 욕하고 비난하면 안 된다. 지역은 좁고 말은 돈다. 나쁜 말은 입에서 입으로 전해질 때마다 불어나고 자칫 큰 싸움으로 이어지기 십상이다. 강연이나 상담 때마다 "로컬에서 사업할 때는 주변 상인을 욕하거나 비난하거나 탓하지 말라"고 강조하는데, 많은 이들이 이를 간과한다. 로컬에서 사업을 하기로 한 이상 로컬은 내 영역이다. 내 영역의 사람들에게 부정적인 말을 하면 나를 포함한 지역 전체가 수준 낮아 보일 뿐이다. 장점을 찾아내고 칭찬해 보자. 로컬 전체가 빛난다.

지역의 모든 커뮤니티가 힘을 합해도 서울과 경쟁이 될까 말까 한데, 서로 험담을 한다면 팀 자체가 무너지기 쉽다. 서울처럼 경쟁이 치열한 지역에서는 상대가 별로일수록 상대적으로 내가 빛나 보이지만, 커뮤니티성이 강한 지역에서는 아니다. 서로를 빛내줘야 전체가 빛난다.

개인적인 성향이 강한 사람이 로컬에서 적응하기

로컬에서 하려는 일이 글쓰기나 음악처럼 혼자 할 수 있는 일이라면 관계 맺기에 스트레스 받지 않아도 된다. 각자의 시선으로 마을을 탐색하고, 취향에 맞는 가게와 주인을 찾아 단골 가게와 친구를 사귀면서 천천히 적응하면 된다. '핵인싸'와 가까워지면 인간관계가 확 넓어질 것이고, 수집하는 정보량도 늘 것이다. 그다음 로컬에서 벌어지는 일들에 흥미가 생겼을 때 모임에 참여하면 된다.

물론 개인적인 성향이라도 공간을 운영하는 데는 문제없다. 기본적인 선을 지키면 삶은 서울에서 지내던 것과 크게 다르지 않을 것이다. 모두가 같을 수는 없다. 천천히 자신에게 맞는 속도를 찾아가면 된다. 자신이 무엇을 잘하는지, 적극적으로 나서는 것은 부담스럽지만 지역에 역할이 필요하다면 기꺼이 돕겠다는 메시지만 전달해도 충분하다. 먼저 나의 안전 거리에 대해 설명한 것이나 다름없기 때문에 더 가까이 다가가는 일은 없을 거다. 선을 긋는 것만으로도 충분히 자신의 영역을 지킬 수 있다.

로컬에서 이웃과 친해지는 방법

로컬에 간다는 것은 주인이 있는 마을에 내가 들어가는 것처럼 느껴진다. 처음에는 눈빛마저 조금 양보하는 게 좋다. 지역에는 텃세가 있다. 시기, 질투가 있고 분쟁도 심심찮게 벌어진다. 시골이 평화로울 거라는 생각은 오산이다. 그런데 생각보다 많은 사람들이 텃세나 시기, 질투, 분쟁 같은 문제를 해결해야 할 대상으로 바라본다. 그리고 해결하려고 노력을 한다. 해결이 될 수 있다는 믿음 대신 지역이기에 생길 수 있는 디폴트 값이라고 생각하면 심플해진다. "지역에 텃세는 있다, 텃세가 있는 게 당연하다, 원래 그렇다." 인류 역사상 시대와 지역을 불문하고 텃세 없고 시기, 질투, 분쟁이 없던 때는 없다. 당연한 거라 여기고 다른 사람과 살아가기 위해 노력했으면 좋겠다.

그런데 원래 지역에 자리 잡고 있던 사람들은 새로 들어온 사람에게 관심이 많다. 외지에서 온 청년이라면 더더욱 관심이 많을 것이다. 동네 사람들에게 인사만 활기차게 해도 반은 먹고 들어간다. 사업하면서 생기는 크고 작은 문제는 새로 들어온 청년들끼리 크루를 형성해 함께 고민하다 보면 조금씩 해결될 것이다.

좋은 사람, 괜찮은 크루를 만나는 법

로컬에 내려가 좋은 크루를 만나려면 지역에서 일어나는 일에 많이 참여해야 한다. 포트폴리오나 경력이 없는 사람일수록 네트워크가 더욱 중요하다. 나 역시 침대에 누워 천장을 보면서 '뭐 해 먹고살지' 고민하던 시절이 있었다. 나의 20대를 돌아보면 나는 잘할 자신이 있는데 증명할 수 없다는 점이 가장 괴로웠다. 마음으로는 나보다 나이도 많고 경력도 화려한 사람보다 내가 잘할 것 같은 자신감이 있었다. 하지만 그때 사람들은 나를 대할 때마다 어리고 제대로 된 포트폴리오가 없다는 이유로 무시했다. 그렇다고 젊은 날의 내가 그랬던 것처럼 침대에 누워 천장만 바라보고 있으면 답을 얻을 수 없다.

만약 2030 세대가 좋은 사람을 만나려면 자기 자신을 드러낼 수 있는 곳에 가서 부지런히 네트워킹하며 자신을 내보여야 한다. 지역 모임이든, 온라인 커뮤니티 사이트든 참여해서 사람들에게 자신을 각인시켜야 한다.

로컬 커뮤니티에서 세대별 소통하는 법

앞서 언급했듯이 말을 할 때는 정직해야 한다. 증명할 게 없는 20대는 열정과 비전을 제시할 줄 알아야 한다. 나의 생각과 꿈, 비전에 대해 명확하게 말을 하고, 자신의 강점과 부족한 점을 솔직하게 털어놔야 한다. 청년의 솔직함과 에너지처럼 매력적인 건 없다.

30대가 해야 하는 말은 조금 다르다. 그동안 해온 일과 일을 하면서 느낀 점, 그리고 앞으로 하고 싶은 일과 자신의 장단점을 정확하게 알고 전달해야 한다. 기왕이면 일을 하면서 어떤 난관에 부딪혔는지, 어떻게 극복했는지, 그 과정에서 무엇을 깨달았는지도 얘기할 수 있으면 좋다. 일하는 스타일과 취향, 라이프스타일에 대한 주제로 대화를 잘 풀어갈 수 있으면 훨씬 매력적으로 비춰질 것이다.

40대 역시 해온 일과 일을 하면서 느낀 점, 로컬에 오게 된 계기와 새롭게 준비한 아이템에 대해 얘기하고, 자신의 전문 분야를 말하면서 필요하다면 언제든 이용해 달라고 얘기할 줄 알아야 한다. 그리고 50대는 내가 깔아놓은 판에서 여러분을 더 멋진 선수로 만들어주겠다는 말을 할 수 있어야 한다.

만약 40~50대가 가득한 지역 커뮤니티에 20대가 나타나 "제가 해봐서 아는데"라고 시작하는 말을 한다면 미운 털이 박혀버릴 것이다. 마찬가지로 20~30대 위주로 소통하는 공간에 50대가 나타나 이룬 것 하나 없이 20대처럼 꿈 얘기만 한다면 그것 역시 곤란하다. 신뢰도와 호감도가 급격히 하락할 것이다. 20대는 하고 싶은 것을 말하고, 50대는 해왔던 것으로 증명해야 한다.

좋은 사람이 되면 좋은 사람이 온다

좋은 사람을 만나고 나와 어울리는 사람을 만나려면 사람이 모이는 곳에 찾아가야 하고, 자신의 생각을 분명하게 말을 하되 화법에도 신경을 써야 한다. 반복하다 보면 커뮤니티 안에서 자연스럽게 나와 비슷한 성향과 취향을 가진 사람들을 만나고 크루를 형성하게 될 것이다. 너무 조급하게 생각하지 않았으면 좋겠다. 자신을 다그치기보다 조금 시간을 주고, 사람들과 자연스럽게 어울리며 자기 자신과 지역 사람들에 대해 알아가길 바란다. 낭중지추라 했다. 당신의 개성은 반드시 사람들의 눈에 띄게 될 것이다.

　관계를 맺는 것은 결국 사람의 일이라 노력이 필요하다. 아무것도 하지 않으면 어떠한 관계도 형성되지 않는다. 로컬에서는 혼자서 할 수 있는 일이 거의 없다.

개항로 계양하다

기획자는 기획 뒤에 그림자처럼 존재해야 한다. 기획할 때 내 기획이 얼마나 완벽한가를 내세우지 말고, 여러 사람들을 모두 고려해 기획하되 내 기획을 돕는 이들에게 내가 어떤 이익을 줄 수 있는지 찾아내는 것이 매우 중요하다.

코로나19 팬데믹 기간 동안 인류는 우울했고, 가난한 동네인 개항로는 암울했다. 돈이 없어 대부분의 사람들이 여행도 못 가고 문화생활을 즐기지도 못했다.

광복절 이벤트가 된 독립운동가 그림 전시

개항로프로젝트는 개항로에서 20개 정도의 공간을 운영하고 있다. 동네 사람들이 전체적으로 무기력하고 우울하니 우리가 운영하는 공간에서 예술 작품을 전시하면 어떨지 생각해 봤다. 지역 예술가들도 팬데믹으로 인해 전시가 취소되면서 작품을 걸공간이 없어 이중고를 겪고 있다는 얘기를 들은 후였다. 일단 가라앉은 분위기를 명랑하게 바꿔줄 킥이 필요했다. 그래서 지역에서 활동하는 그래피티 크루에게 연락해 협업을 제안했다. 8월이었다. 그들은 독립운동가를 모델로 그래피티 작품을 만들고, 개항로프로젝트는 공간에 맞게 전시했다.

기왕이면 많은 사람들이 즐기길 바라는 마음으로 인스타그램 계정에 "독립운동가를 그린 그래피티 작품을 전시했으니 아이들과 함께 관람하고 싶은 유치원 원장님들 연락주세요"라고 포스팅했다. 그리고 김구 선생과 김란사 선생의 컬러링북을 제작해 어린이들에게 나눠줬다. 모두가 좋아했다. 유치원 선생님은 교육 일정의 일부를 개항로프로젝트가 제안한 학습 프로그램으로 진행할 수 있으니 좋고, 어린이들은 미술과 역사 공부를 함께할 수 있으니 유익했다. 그리고 개항로프로젝트에서는 다시 어린이들이 색칠한 그림을 모아서 카페에 전시했다. 그러자 아이들의 그림을 보러 아이들의 가족이 카페를 방문해 상인들의 매출을 올려줬다.

개항로에는 노포가 많고 어르신들도 많다. 국경일에도 국기를 게양하지 않는 곳이 많은데, 개항로프로젝트에서 광복절을 맞아 태극기를 구매해 노포 어르신들께 나눠드렸다. 집집마다 국기를 게양할 수 있는 봉을 설치하고, 게양법도 알려드렸다. 그렇게 개항로의 광복절에는 태극기가 나부끼는 길 사이사이에 위치한 공간에 독립운동가들이 전시됐고, 동심으로 그려낸 김구 선생과 김란사 선생의 미소가 가득했다.

긍정적인 우연

일을 시작할 때 나는 머릿속으로 수없이 시뮬레이션을 돌려본
다. 벌어질 수 있는 일들을 상상하고, 발생할 수 있는 변수를 제
어할 방법을 마련한다. 그리고 프로젝트가 시작되면 우연 같은
일들이 겹치면서 순항을 할 때도 있고, 세상의 모든 불운이 내게
닥쳐 얻는 것 하나 없이 많은 걸 잃을 때도 있다. 나의 경우는 대
체로 내가 좋아서 열심히 한 일에 좋은 기운이 찾아온다. 억지로
하는 일에는 꼭 안 좋은 일이 벌어진다. '개항로 게양하다'는 좋
아서 시작한 일이었고, 실제로 김란사 선생님의 손자가 찾아와
전시를 관람하기도 했다.

에필로그

로컬의 주인이 될 청년들에게

연고 없는 낯선 지역에서 경제 활동을 하며 살겠다는 결심을 하는 것은 돌아올 곳을 정해 두고 떠나는 여행과는 다르다. 로컬은 경험을 쌓는 모험이 아닌 치열한 삶의 현장이다. 새로운 기회를 찾아 로컬로 향하는 이들의 대부분은 자신의 취향과 성향에 대해 오랫동안 깊이 생각하고, 신중하게 선택했을 것이라 믿는다. 자신의 선택에 확신을 갖고 흔들리지 않는 사람도 있겠지만, 대부분은 자기 앞에 놓인 현실이 낯설고 두려울 것이다. 그들이 시행착오를 줄이고 실력을 발휘할 수 있길 바라는 마음으로 『로컬의 신』을 썼다.

마지막으로 당부하고 싶은 것이 있다.

첫째, 자신의 욕망을 정면으로 마주하길 바란다. 욕망을 알아야 삶의 방향을 정할 수 있다. 겸손과 배려를 강조하는 사회에서 '욕망'이란 단어에는 부정적인 뉘앙스가 포함돼 있었고, 욕망을 드러내는 것을 터부시했었다. 그래서 우리는 욕망을 외면한 채 맹목적으로 공부하고, 자격증을 취득하고, 다양한 루트를 통해 정보를 수집하곤 한다. 그런데 욕망은 피한다고 해서 피해지지도 사라지지도 않는다. 외려 뒤늦게 마주할수록 힘들어진다.

돈, 명예, 권력, 사랑, 이타심, 질투심 등 자신이 도달하고자 하는 가치가 무엇인지 알아야 자신의 삶을 원하는 방향으로 이끌 수 있다. 자신의 욕망을 정확히 알아야 로컬에서 기획하고, 목표를 세울 때, 타인의 호의를 받아들이거나 거절할 때, 타인을 돕거나 공동체를 이룰 때 선택하고 판단하는 기준이 된다. 자신의 욕망을 정확하게 안다는 것은 자신이 행복해질 수 있는 방법을 안다는 의미이기도 하다. 나와 다른 가치를 꿈꾸는 사람이 더 이상 부럽지 않게 되기 때문이다.

둘째, 전략적으로 로컬은 절대 서울을 따라 하지 말아야 한다. 서울과 경기도에는 2000만 명 이상의 사람들이 살고 있다. 그들이 내가 비즈니스를 전개하고 있는 로컬을 방문하지 않는다면 내 프로젝트는 성공하기 어렵다. 다시 말해 서울 사람들이 먼 이동 거리를 감내하더라도 로컬을 방문하게 만들어야 한다. 반복적이고 일상적인 경험을 위해 먼 거리를 이동하는 사람은 없다. 동남아시아 국가에 한국 거리가 생긴다고 하더라도 그곳에 가기 위해 그 나라를 방문하는 한국인은 극히 드물 것이다. 로컬도 마찬가지다. 절대 서울을 따라 하면 안 된다.

셋째, 로컬에 대한 디폴트를 다시 설정하라. 로컬 사람들은 친절하고 상냥하며, 로컬은 조용하고 평화롭다는 건 편견이다. 로컬도 도시와 똑같이 사람 사는 곳이다. 로컬에서 생활하다 보면 다양한 분쟁에 휘말릴 수 있고, 시기와 질투의 대상이 될 수도 있다. 서운하고 억울한 일도 심심찮게 발생할 것이다. 사람이 모여 사는 곳에서 감정 소모할 일이 생기는 건 당연한 일이다. 부모와 형제 사이에도 갈등이 생기는데, 전혀 다른 환경에서 다른 기준을 가지고 살아온 사람들과 함께 일하다 트러블이 발생하는 건 당연한 일이다. 그리고 그러한 문제는 아무리 노력해도 절대 해결되지 않는다. 그 상태를 디폴트로 받아들이고, 그 위에서 일을 추진해야 한다. 다시 말해 감정 소모는 해결해야 할 대상이 아닌 관리해야 할 대상임을 잊지 말자.

로컬은 더 이상 대안적인 장소가 아니라 내가 주인공이 될 무대다. 이 사실을 잊지 말고 행복하고 신나게 로컬 생활을 준비하길 바란다.

건투를 빈다.

이창길

서울을 따라 하지 않는다
로컬의 신

초판 1쇄 발행 2023년 12월 20일

지은이 이창길
펴낸이 안지선

책임 편집 이미선
디자인 야생녀
교정 신정진

마케팅 타인의취향 김경민, 김나영, 윤여준, 이선

펴낸곳 (주)몽스북
출판등록 2018년 10월 22일 제2018-000212호
주소 서울시 강남구 학동로4길15 724
이메일 monsbook33@gmail.com

ISBN 979-11-91401-77-6 03320

mons
(주)몽스북은 생활 철학, 미식, 환경, 디자인, 리빙 등
일상의 의미와 라이프스타일의 가치를 담은 창작물을 소개합니다.